EUROPA ERLESEN
SALZBURG

Herausgegeben
von
Frederick Baker

Wieser *Verlag*

Die Herausgabe dieses Buches wurde
freundlich unterstützt von Kultur Land Salzburg

Wieser Verlag
A-9020 Klagenfurt/Celovec, Ebentaler Straße 34b
Telefon: +43(0)46337036 Fax: +43(0)46337635
e-mail: office@wieser-verlag.com
Homepage: http://www.wieser-verlag.com

•

Der Verlag dankt den Inhabern der Rechte für die
Genehmigung zum Abdruck der Texte. Für einige Texte
waren die Inhaber der Rechte leider nicht zu ermitteln;
Rechteinhaber dieser Texte werden gebeten, sich an den
Verlag zu wenden.

Die Titel wurden zum Teil vom Herausgeber gewählt.

Ante scriptum

*Die Zunge reicht weiter als die Hand. Karl Dedecius'
Ausspruch ist heute aktueller denn je. Gerade nach
dem größten Erweiterungsschritt zur europäischen
Einigung wird die Kultur, und darin insbesondere die
Literatur, eine wichtige Rolle einnehmen.*

*Sich kennen heißt unter anderem, sich gegenseitig zu
verstehen und daher lesen zu können. Der Wieser Verlag
hat in den vergangenen fast zwei Jahrzehnten den verschiedensten Sprachen des europäischen Kontinents in
deutschen Übertragungen ein Spiegelbild gegeben.
Damit wurde der jeweiligen Sprache und Kultur mit
Achtung begegnet und im geschriebenen Wort das für
die eigene Seele notwendige Ruhebett gefunden.*

*Lesen Sie weiter, erkunden Sie mit EUROPA ERLESEN
diesen nahen, fernen Kontinent, oder streifen Sie in
die Ferne und folgen in der Reihe ORIENT ERLESEN
der unbekannten Nähe.*

*Ich würde mich freuen, Ihnen auf diesen Streifzügen
durch die Wortlandschaften zu begegnen.*

Lojze Wieser

Inhalt

ROSE AUSLÄNDER

(1901–1988)

Salzburg

Salzburg
Du fliegst über
tönende Berge
eine Lerche
im Augenflug

Raubvögel
ihre Schlagschatten
auf schönen Kulissen

Einst flogen hier
Geigen gen Himmel
pianissimo

Spring
über die Schatten
ins Mozartlicht

(∗ 1957)

Tweedjacke trifft T-Shirt vor
Mozarts Geburtshaus

Ein Fame-T-Shirt hielt vor Mozarts Geburtshaus. Es
schaute am Gebäude hinauf, und seine Augen glänzten.
Es stand ganz still, starrte nach oben und glühte vor
Bewunderung, während eine Gruppe ausgebleichter
Jeans und fluoreszierender Bermudashorts hinter ihm
vorbeidrängelte und hineinging. Dann schüttelte es
den Kopf, grub in seiner Hosentasche und ging weiter.
Eine dünne hohe Stimme hinter ihm ließ es mitten im
Schritt verharren.

»Haben Sie je über das Phänomen der Quellen
nachgedacht, Adrian?«

»Originale, meinen Sie?«

»Keine Originaltexte, Adrian, nein. Keine Originale.
Denken Sie an Wasserquellen. An Brunnen und Heil-
wasser und Quellen. Wasserquellen im weitesten und
lieblichsten Sinne. Jerusalem zum Beispiel ist eine
Quelle der Religiosität. Eine kleine Stadt in der Wüste,
aber Quelle der drei mächtigsten Religionen der Welt.
Es ist die Hauptstadt des Judentums, der Schauplatz
von Christi Kreuzigung und der Ort, von dem aus
Mohammed gen Himmel fuhr. Religion scheint nur so
aus seinem Sand zu sprudeln.«

Das Fame-T-Shirt lächelte in sich hinein und schritt
ins Haus.

Eine Tweedjacke und ein blaues Knöpfkragenhemd
aus Oxforder Baumwolle standen vor den Stufen. Jetzt

waren sie an der Reihe, ehrfürchtig nach oben zu starren, während sich hinter ihnen die Flut menschlichen Verkehrs durch die Getreidegasse ergoß.

»Nehmen Sie Salzburg. Keineswegs die größte Stadt Österreichs, aber ein Jerusalem für jeden Musikliebhaber. Haydn, Schubert und ... du meine Güte, ja, da sind wir ja ... und Mozart.«

»Es gibt eine Theorie, daß besondere Linien über die Erde laufen und daß merkwürdige Dinge sich da ereignen, wo sie sich kreuzen«, sagte das Oxforder Baumwollknöpfhemd. »Planetenlinien heißen die, glaub ich.«

»Sie denken wahrscheinlich, ich gebe bloß wieder meinem Steckenpferd die Sporen«, sagte die Jacke, »aber ich finde, die deutsche Sprache ist verantwortlich.«

»Sollen wir hochgehen?«

»Auf jeden Fall.« Das Paar glitt ins schattige Innere des Hauses. »Schauen Sie«, fuhr der Tweed fort, »all die Eigenschaften ironischer Abstraktion, die die Sprache nicht zu artikulieren vermochte, fanden Ausdruck in ihrer Musik.«

»Ich hatte Haydn nie für ironisch gehalten.«

»Es ist natürlich gut möglich, daß meine Theorie hoffnungslos falsch ist. Bezahlen Sie bei dem hübschen Fräulein, Adrian.«

In einer Kammer im ersten Stock, wo der kleine Wolfgang herumgetobt hatte, deren Wände er mit frühreifer Arithmetik bedeckt und deren Dachsparren er von kindlichen Menuetten hatte erzittern lassen, musterte das Fame-T-Shirt die Vitrinen.

Die Kämme aus Elfenbein und Schildpatt, die einst die zerstrubbelten Locken des jungen Genies geglättet

21

hatten, schienen das T-Shirt nicht im geringsten zu interessieren, ebensowenig wie die Briefe und Wäschezettel oder die Geigen und Bratschen im Kinderformat. Seine gesamte Aufmerksamkeit wurde von den Bühnenmodellen in Anspruch genommen, die in Glastruhen in die Wände des ganzen Raums eingelassen waren.

Eine Truhe schien es ganz besonders zu faszinieren. Es schaute sie mit argwöhnischem Nachdruck an, fast als ob es erwartete, die kleinen Pappmaché-Figuren darin würden durch die Scheibe springen und ihm eins auf die Nase verpassen. Es schien die Gruppe ausgebleichter Jeans und säurefarbener Shorts vergessen zu haben, die sich neben es drängelte und in einer Sprache lachte und Witze riß, die es nicht verstand.

Das Modell, in das es so sehr vertieft war, war das eines Festsaals, in dem ein mit Speisen überhäufter Eßtisch stand. Zwei kleine Männer waren neben den Tisch gestellt worden, der eine vor Furcht zusammengekrümmt, der andere die Hand in die Hüfte gestemmt, mit einer Gebärde weltmännischer Verachtung. Beide Figuren schauten auf das Modell einer weißen Statue im Bühnenhintergrund, die mit dem anklagenden Finger eines italienischen Verkehrspolizisten oder eines Mobilmachungsposters in Kriegszeiten auf sie herabzeigte.

Die Tweedjacke und der blaue Knöpfkragen hatten gerade den Raum betreten. »Sie fangen an dem Ende an, Adrian, und wir treffen uns in der Mitte.«

Die Jacke beobachtete, wie die Oxforder Baumwolle zum anderen Ende des Zimmers schritt, und näherte sich dann der Vitrine, deren Glas immer noch von der

intensiven Musterung durch das FameT-Shirt be-
schlagen war.

»*Don Giovanni*«, sagte der Tweed, der hinter es trat,
»*a cenar teco m'invitasti, e son venuto. Don Giovanni, ich
bin gekommen, deine Ladung hab ich vernommen.*«

Das T-Shirt starrte immer noch auf das Glas. »*Non
si pasce di cibo mortale, Chi si pasce di cibo celeste*«,
flüsterte es. »*Wohl des irdischen Mahles entbehrst, Wer
von himmlischer Speise sich nähret.*«

WOLFGANG AMADEUS MOZART

(1756–1791)

redma dofia Soisburgarisch

Leopold Mozart an seine Frau, Salzburg
Neapel, den 5. Juni 1770

Beilage Mozarts an seine Schwester:
Cara sorella mia.
Heunt raucht der Vesuvius starck, poz bliz und ka nent
aini.
haid homma gfresn beym H:Doll, des is a deutscha
Compo-
siteur, und a brawa mo. anjezo beginne ich meinen
lebenslauf
zu schreiben. alle 9 ore, qualche volta anche alle
Dieci mi
sveglio, e poi andiamo fuor di casa, e poi pransiamo d'un

tratore e Dopo pranzo scriviamo et di poi sortiamo e indi
ceniamo, ma che cosa? – – Al giorno di graßo, un
mezzo pullo,
overo un piccolo boccone d'un arosto, al giorno di
magro, un
piccolo pesce, e di poi andiamo à Dormire. est ce que
vous
avez compris? redma dofia Soisburgarisch don as is
gschaida.
wia sand got lob gsund, do Voda und i, ich hoffe du
wirst dich
wohl auch wohl befinden, wie auch die mama, se
viene un
altra volta la sig: alouisia de seitenhofen fatte da parte
mia il
mio complimento. neapel und Rom sind zwey
schlaffstätte, a
scheni schrift, net wor? schreibe mir, und seye nicht
so faul,
altrimenti averete qualche bastonate di me. quel
plaisir! Je te
caßerei la tête. Ich freue mich schon auf die portrait,
und i bi
corios wias da glaich siecht, wons ma gfoin, so los i
mi unden
Vodan a so mocha, mädle, las da saga, wo bist dan
gwesa, he!
gestern waren wir in der compagnie mit den H:
meuricofre,
welcher sich dir und der mama empfehlt.

RAINER KUNZE

(∗ 1933)

In Salzburg, auf dem Mönchsberg stehend
(nach ankunft im westen Europas)

Wiederzukehren
hierher, können von nun an mich hindern
armut nur, krankheit
und tod

Im kupferlaub der dächer geht der blick
den abend ab

Heimat haben und welt,
und nie mehr der lüge
den ring küssen müssen

Peter Krön zugeeignet

PETER HANDKE

(∗ 1942)

Der Chinese des Schmerzes

Diese Türme, ob zwiebelig, spitz oder zylindrig, sah
ich da nicht nur als Anmaßungen, sondern auch als die
steingewordenen Trugbilder zur Verspottung unser
aller Verlassenheit. Niemand benötigte sie, aber sie
gaben vor, die Nothelfer zu sein. Kamen denn nicht,
auch im Elend, manchmal vom Horizont Licht und
Luft, die eingelassen und verfolgt werden wollten,
aber die Türme versperrten den Ausblick?
   Dabei fehlte mir gerade in dieser Karwoche das
übliche Glockenläuten. Ich war sogar hungrig danach. Daß ein Denker vor Jahrzehnten die kommuni-
stischen Großstädte dafür hatte preisen können, weil
da das »todtraurige abendländische Geläute« abge-
schafft sei, erschien mir nun vollends unbegreiflich.
Die Glocken schwiegen. Aber das Windsausen genügte mir nicht. Das Rauschen des Kanals unten an
der Schnelle genügte mir nicht. Auch das eintönig
schöne Elektro-Schnurren der anfahrenden Obusse
genügte mir nicht. Ich mußte da an die Bemerkung
eines Schriftstellers aus dem letzten Jahrhundert denken:
einen Lobspruch auf den römischen Dichter Lukrez,
für den »das schwarze Loch das Unendliche selbst«
gewesen sei; zu seiner Zeit habe, von Cicero bis zu
Marc Aurel, ein einzigartiger Moment bestanden, »wo
es die Götter nicht mehr und Christus noch nicht gab,
und wo nur der Mensch war«. Die Tage, da die Glocken

26

stumm blieben, und einzig der Wind sauste und die Obusse schnurrten, lebte ich, so kam es mir später jedenfalls vor, jene Epoche.

Liebe schwang sich auf, zu dieser Stadt da in der Ebene. Sein: »Stadt-Sein«. Stadt-Sein: Freudenstoff. Der Erdkreis erwachte in mir, mit einer weißen Mayastadt auf der Kalksteilküste von Yucatan, und mit Heraklit, der sich an seinem Ofen wärmte und den Besuchern in der Tür zurief: »Tretet ein, auch hier sind Götter.« Ich wollte mich zu Boden werfen, aber nicht allein. Für diesen Augenblick genügte ein einziges Wort: »Da!«

Endlich erdröhnte in der Ferne die Domglocke. Dort vollzog sich jetzt das Ritual der Wandlung: des Brotes in den »Leib«, des Weins in das »Blut«. Die Glocke wummerte zweimal hintereinander, jedesmal, nur ganz kurz. Aber das war, als finge ein stehengebliebenes Herz wieder zu schlagen an. Ein Pferd hob den Kopf und zeigte sein großes Auge, mit sehr hellen, starr abstehenden Wimpern. Die Möwen bekamen ihre spitzesten und krummsten Schnäbel.

Nach und nach setzte im ganzen Stadtgebiet das Geläute ein. Ich unterschied die Glocken von Elsbethen, von Eigen, von Parsch, von Gnigl, von St. Andrä, von Maria Plain, von Bergheim, von Freilassing (jenseits der Grenze), von Bayrischgmain, von Großgmain (wieder diesseits), von Liefering, von Wals, von Gois, von Taxham, von Grödig, von Anif, von Morzg, von Gneis; die Glocken der Auenkirche, der Altersheimkirche, der Internatskirche, der Asylkirche, der Mooskirche.

CARLOS FUENTES

(∗ 1928)

Das gläserne Siegel

So war er gewesen. Der Spiegel sagte heute etwas anderes. Aber er hatte das Glück, einen zweiten Spiegel zu haben, nicht den alten, fleckigen aus dem Badezimmer, sondern den des gläsernen Siegels, das auf dem Dreifuß am Fenster mit Blick auf das unverwechselbare Panorama Salzburgs stand; Salzburg, das germanische Rom, eine Talsohle zwischen Bergmassiven, geteilt von einem Fluß, der wie ein Pilger seinen Weg von den Alpen nahm und eine Stadt bewässerte, die sich zu anderen Zeiten den Kräften der Natur unterworfen haben mochte, die sich aber seit ihrer Blütezeit im siebzehnten und achtzehnten Jahrhundert ein mit der Natur rivalisierendes Äußeres geschaffen hatte, das zugleich Abbild und Gegenbild der Welt war. Der Architekt von Salzburg, Fischer von Erlach, hatte mit den Zwillingstürmen, den vorgeneigten Fassaden voller luftwellenartiger Verzierungen und der dennoch überraschenden nüchternen Einfachheit, mit der er einen Kontrapunkt zum rauschenden Barock und den majestätischen Alpen setzte, dieser Stadt, die erfüllt war von der körperlosen Bildhauerei der Musik, eine zweite, körperliche, greifbare Natur geschaffen.

Der alte Mann schaute aus seinem Fenster zu den Wäldern und Bergklöstern hinauf, dann senkte er den Blick wieder auf Augenhöhe, um sich zu trösten, aber es blieb bei dem Versuch, er konnte der monumentalen Präsenz der Klippen und Befestigungen, die wie ein Pleonasmus in das Gesicht des Mönchsbergs gemeißelt waren, nicht ausweichen. Der Himmel zog rasch über die Landschaft hinweg, er hatte sich damit abgefunden, weder mit der Natur noch mit der Architektur wetteifern zu können.

Er hatte andere Grenzen. Zwischen ihm und der Stadt, zwischen ihm und der Welt, existierte dieses Objekt der Vergangenheit, dem die verstreichende Zeit nichts anhaben konnte, es widerstand ihr und reflektierte sie zugleich. War ein solch gläsernes Siegel gefährlich, das sämtliche Lebenserinnerungen enthielt, aber genauso zerbrechlich war wie sie? Während er es dort so auf seinem Dreifuß am Fenster betrachtete, zwischen der Stadt und ihm, fragte sich der alte Mann, ob der Verlust dieses durchsichtigen Talismans auch den Verlust der Erinnerung mit sich brächte, ob auch sie zersprängen, wenn durch eine Unachtsamkeit seinerseits oder der Frau, die zweimal in der Woche für die groben Arbeiten kam, oder wenn durch den Zorn der guten Ulrike, seines Hausmädchens, die von den Nachbarn liebevoll die Dicke genannt wurde, das gläserne Siegel aus seinem Leben verschwände.

DANIEL BARENBOIM

(∗ 1942)

Europäisches Intermezzo

In Rom fuhren wir direkt vom Flughafen zum Bahnhof und nahmen den Zug nach Salzburg. Ich war sehr aufgeregt, als ich meinen Fuß zum erstenmal auf den Boden – nicht irgendeiner europäischen Stadt, sondern – *dieser* Stadt setzte. Die Mozart-Stadt Salzburg bedeutete mir als jungem Musiker sehr viel.

Wir hatten privat Zimmer gemietet, da wir ziemlich lange in Salzburg blieben und unsere Finanzen es nicht erlaubten, in einem Hotel zu wohnen. Wir ließen unsere Sachen im Zimmer, machten uns frisch, zogen uns um und gingen zum Festspielhaus. Es war später Nachmittag, auf dem Weg besichtigten wir Mozarts Geburtshaus in der Getreidegasse und beobachteten die vielen Menschen, die ins Festspielhaus gingen. Zu dieser Zeit existierte das Große Festspielhaus noch nicht, nur die Felsenreitschule und das Kleine Festspielhaus. Ich weiß nicht, ob das Konzertpublikum damals so imponierend aussah wie heute. Ich kann mich aber auch nicht erinnern, daß es ein weniger elegantes und gesellschaftlich weniger hochgestelltes Publikum war. Auf jeden Fall aber beeindruckte es uns, diese kleine Straße, die zum Festspielhaus führte, mit all den Menschen zu beobachten.

Meine Neugier war natürlich grenzenlos, und ich sah, daß an diesem Abend *Die Zauberflöte* gespielt wurde – dirigiert von Karl Böhm. Ich war noch nie in einer Oper gewesen, war schrecklich aufgeregt und wollte unbedingt hingehen. Es war natürlich unmöglich, Karten zu bekommen, aber ich sagte meiner Mutter, daß ich versuchen wollte, ohne Karte in den Zuschauerraum hineinzuschlüpfen – ich war ein kleiner Junge, nur neun Jahre alt, und niemand würde mich bemerken. Das Problem war nur, wo ich meine Eltern, die viel zu gesetzestreu waren, den Versuch zu machen, sich in die Vorstellung zu mogeln, nachher wiederfinden würde. Sie sahen sich um und sagten mir, daß sie im Café Tomaselli, das man vom Festspielhaus zu Fuß erreichen kann, auf mich warten würden. Versteckt in der Menge, wo niemand mich sehen konnte, wartete ich, bis wir alle drinnen zu sein schienen, und öffnete dann eine Tür, die glücklicherweise in eine leere Loge führte. Ich setzte mich hin, es war sehr bequem, und ich fühlte mich außerordentlich glücklich und war stolz, daß ich es geschafft hatte, ohne Karte hineinzukommen. Ungeduldig wartete ich auf den Dirigenten und den Beginn der Vorstellung. Als er das Podium betrat, war ich überglücklich; alle applaudierten, und die Ouvertüre begann. Ich erinnere mich vielleicht an zehn oder zwanzig Takte – vermutlich hat mich dann die totale Erschöpfung nach der Reise überwältigt, und die Aufregung war ja auch sehr groß, denn ich schlief sofort ein und hörte keine einzige Note mehr, weder von der Ouvertüre noch von dem Gesang oder dem Dialog, der darauf folgte. Als ich aufwachte, hatte ich plötzlich schreckliche Angst. Ich hatte keine Ahnung, wo ich war; ich hörte, daß Musik gespielt wurde, und alle saßen und hörten zu, und eine Sekunde lang hatte ich vergessen, wo meine Eltern waren. Und was tat ich, weit weg von meiner vertrauten Umgebung? Ich fing an laut zu weinen, worauf der Platzanweiser kam, mich sehr bestimmt aus der Loge entfernte und aus dem Festspielhaus warf. Nun erinnerte ich mich wieder, daß meine Eltern im Café Tomaselli saßen, und ging, immer noch weinend, zu ihnen. Aber in diesem Augenblick weinte ich wegen meiner Dummheit, weil ich nicht geistesgegenwärtig genug war zu erkennen, wo ich mich befand, zu bleiben und zuzuhören – und dann war es zu spät, um zurückzugehen. Das war meine erste Begegnung mit einer Mozart-Oper, die offensichtlich nichts Gutes für die Zukunft verhieß.

Viele Jahre später, in den sechziger Jahren, trat ich bei den Salzburger Festspielen im Großen Festspielhaus auf, ich spielte Brahms' d-Moll-Konzert mit den Wiener Philharmonikern. Wieder dirigierte Karl Böhm. Ich war dumm genug, ihm diese Geschichte zu erzählen, weil ich dachte, er würde es amüsant finden, daß seine Opernvorstellung die erste war, die ich je besucht hatte. Ich glaube aber, daß er sich von meinem mangelnden musikalischen Geschmack fast schon beleidigt fühlte, und ich mußte damals einsehen, daß sein Sinn für Humor wohl eher in der Musik als in solchen Situationen zu finden war.

IMRE KERTÉSZ

(∗ 1929)

Hommage à Salzburg

Ich denke hier an den Spektakulären und fruchtba-
ren Kosmopolitismus von Salzburg und keineswegs
nur an die Getreidegasse wogende, Gaststätten und
Zuschauerräume füllende vielsprachige vielfarbige
Menge. Lebhaft gegenwärtig ist mir eines Matinee-
Konzerte der Saison 1999. Die Wiener Philharmoniker
spielten unter der Leitung von Seiji Ozawa, die Solistin
war Jessye Norman, und als erster Programmteil wurde
das Finale von »Tristan und Isolde«, Isoldes »Liebes-
tod« dargeboten. Gleich nach dem asketisch schlanken
japanischen Dirigenten betrat die Sängerin die Bühne.
An diesem Tag trug sie ein grünglänzendes Kleid und
einen ebensolchen Turban, und mit ihrem wundervollen
braunen Gesicht, ihrer fülligen und prächtigen Gestalt war sie tatsächlich so etwas wie eine unbekannte
afrikanische Göttin. Bald schon erklang ihre heiße,
grandiose Stimme; etwa in der Mitte des Stücks bemerkte ich mit Unbehagen, daß sie dort ein wenig
falsch sang. Aber was zählte das! Zu diesem Zeitpunkt standen mir bereits die Tränen in den Augen
– und nicht nur wegen der Wirkung der Musik, des
Vortrags. Denn mir mußte über all das hinaus auch
die Situation zu Bewußtsein kommen, der spezifische
Anlaß für das, was hier vor sich ging: Ein japanischer
Dirigent und eine schwarze Sängerin lassen des großen
deutschen Rassenhüters Werk erklingen, das nun

einmal einen der Bühnenhöhepunkte und die Vollendung der europäischen Gefühlskultur darstellt – und
das hier im Zuschauerraum einen ungarischsprachigen
jüdischen Schriftsteller des Holocaust zu Tränen
rührt …

Bis hierher hört sich das alles sehr schön, vielleicht
zu schön an. Ich gestehe aber daß mir im letzten Salzburger Sommer immer öfter Nietzsches Satz aus dem
Vorwort zur »Geburt der Tragödie« in den Kopf kam,
demzufolge er in der Kunst die höchste Aufgabe und
eigentliche metaphysische Tätigkeit des Lebens sieht.
Besonders mußte ich an diesen Satz denken, als sich
András Schiff aus wohlerwogenen Gründen genötigt
sah, seine Auftritte in Salzburg abzusagen. Wenn, wie
gleichfalls Nietzsche sagt, Gott tot ist und in der
Umklammerung von Politik und Kommerz auch die
Kunst in Todesgefahr gerät, ist in der Tat zu fragen,
vor welchen Altar der Mensch treten soll, der ohne
Altar doch nicht leben kann – zumindest kein menschliches Leben.

FRANZOBEL

(∗ 1967)

Wenn alle Brünnlein fließen

Anmerkung zur Salzburger Provinz-Pimperl-Posse um eine *Gelatine*-Skulptur bei den Salzburger Festspielen.

Die Freiheit der Kunst, sagte der dafür zuständige Landesrat, nachdem es, weil Bürgermeister und Landeshauptmann verstockt waren und mit Klage gedroht hatten, kurz ausgesehen hatte, als ob die Bubenbande *Gelatine* den langen Schwanz wieder einziehen würde, die Freiheit der Kunst ist gewahrt geblieben. Das war vorgestern. Gestern, wo das Rupertinum gerichtlich eine Entfernung der vernagelten Manneken Piss-Verhüttelung erwirken wollten, flogen schon wieder die Fetzen, der Bürgermeister verlangte den Rücktritt der zuständigen Museumsdirektorin, die Klagen gegen Gelatine und Rupertinum wurden bestätigt. Heute ist schon wieder alles anders, der Streit scheinbar beigelegt, die Freiheit der Kunst gewahrt geblieben, aus der Schwanz. Salzburg hat sein Sommertheater.

Und warum? Weil man Angst hat, daß dieser nur mit weißen Tennissocken und raufgerutschtem Unterleiberl bekleidet, sich selbst in den Mund spritzende Plastilin-Jedermann dem Festwochenpublikum in die falsche Kehle kommt? Weil dieser »Arc de Triomphe« für das stehen könnte, was die Salzburger während der Festspielzeit zu schlucken haben, das gespritzte Selbstbefriedigungstheater? Dabei war ja erst vor wenigen Tagen zu lesen, daß häufige Selbstbefriedigung nicht, wie zu Hoffmannsthal-Zeiten behauptet, das Rückenmark schwächt, sondern die Prostata stärkt. Macht der Eigenstiller, wie ich den Plastilin-Terminator gerne nennen will, wegen eben dieser vermeintlichen Rückenmarksschwäche eine Brücke nach hinten? Ist er eine Hommage an Niki de Sainte Phalle? An Hans-Christoph Buch? Oder will die Zirkuspose einfach den anderen, ungleich größeren Zirkus kommentieren? Das Getreidegassen-Gequetsche?

Salzburg ist ja eine Stadt der Wasserspiele. Noch immer fahren Firmlinge nach Hellbrunn, um sich am Fürstentisch des Markus Sittikus einen nassen Gruß zu holen. Wohl ohne zu ahnen, welch steife Diskussion es um den Nudel-Brunnen geben würde, sprach der Bundespräsident in seiner Festspieleröffnungsrede gar von einem »Rom des Nordens« – und Rom ist ja bekanntlich die Stadt der Brunnen und der Nudeln. Dabei ist das noch eine Untertreibung. Wien ist anders, Linz lebt auf, Graz ist Kulturhauptstadt, aber Salzburg ist das Paradies. Doch jedes Paradies braucht eine Schlange.

Nur ist die Schlange hier keineswegs das Plastilin-Zumpferl, das einen medialen Triumph sondergleichen erlebt, sondern kommt verschlungener daher, grenzt ab und verhindert jede differenzierte Kunstbetrachtung. Das Vergiftete an solchen Debatten nämlich ist, daß es nur noch pro und contra gibt, für oder gegen den Knetmassen-Zipfel, Eigenstiller oder Goldhauben-gesinnung, Brunzer oder Bücherverbrenner – und sofort ist man in der Schlangengrube der Parteinahme, die alle Nuancierung tot beißt.

Dabei ist die Frage nach der Freiheit der Kunst im Zeitalter des Privatfernsehens, wo dauernd viel schockierendere Dinge zu sehen sind, überhaupt nicht mehr zu stellen. Gegen die totale Veröffentlichung der Intimzonen, das Ballett des Sensationalistischen sagt ja auch niemand was. Auch das in diversen Internet-Foren häufig zu lesende Argument der verstörten Kinder ist fadenscheinig. Wer von diesem Triumphbogen an die Schwanz-Gesellschaft, der das martialisch Phallische doch läppisch macht, tatsächlich schockiert sein kann, muß auch sonst eher vernagelt leben.

Es ist ein Glücksfall für die Kunst, wenn sie derartige Beachtung findet. Traurig dabei ist nur, daß die Mechanismen dafür nach wie vor so simpel sind, bei der einfachsten Stange bleiben, keine Lanze für nichts brechen, die Kunst in dieser Schlangengrube immer nur Vorwand für Gesinnung ist. Daß mit Selbstbepinkelung immer noch Stadt und Skandal zu machen ist, spricht nicht unbedingt gegen den Gelatine-Pimmel, der das alles ja irgendwie ironisch zu bespritzen scheint. Ob es dieselbe Aufregung aber auch gegeben hätte, wenn der Eigenstiller nicht am Max-Reinhardt-Platz vor dem kleinen Festspielhaus, sondern vor einer Autobahnraststation oder einem MacDonalds aufgestellt worden wäre, wo man vor nicht all zu langer Zeit noch mit der Morgenlatte Werbung gemacht hat, die zwei Bögen der Triumph-Skulptur das Firmenlogo elegant symbolisieren würden, sei ebenso dahingestellt wie die Frage nach ihrer Wirkung im Museum neben Werken von z. B. Jeff Koons.

GERARD MORTIER

(∗ 1943)

Tatort Salzburg

Ich bin ein Nomade. Mein Abschied von Salzburg
wird schnell vonstatten gehen. Ich habe nicht viele
Möbel. Es sind vor allem Kartons mit Büchern und
Schallplatten. Ich verlasse eine Wohnung, um in eine
neue zu ziehen.

Ich persönlich gehe immer mit dem Blick nach
vorne weg. Aber es gibt Momente, wo ich doch sen-
timental werde: Als Doktor Landesmann und ich in
Salzburg die letzte Betriebsratssitzung abhielten,
haben uns die Personalvertreter einen Blumenstrauß
überreicht.

Das Salzburger Personal schätze ich – wohlgemerkt
– ungemein hoch. Ich meine sogar, dass in der Qua-
lität des Personals die wahre Tradition der Salzburger
Festspiele liegt. Nicht das große geistige Getue, sondern etwas sehr Handwerkliches. Das Personal macht
möglich, was nur in Salzburg und nirgendwo sonst
stattfinden kann, es werde ich am meisten vermissen.

Ich bin jetzt an einem Punkt meiner Karriere, wo
ich erneut nachdenken will, um Antworten auf drän-
gende Fragen zu formulieren. Das heißt: Eigentlich
will ich zuerst die Fragen richtig stellen.

In Salzburg hatte ich damit angefangen. Im Ruhrgebiet werde ich weiter daran arbeiten.

Vielleicht kann ich nach meinem Aufenthalt am
Berliner Wissenschaftskolleg neue Einsichten ge-

meinsam mit den gewonnenen Erfahrungen im Ruhrgebiet umsetzen.

Sicher nicht in Salzburg:

Man geht nie an den Ort der Tat zurück.

Mein Leben in Salzburg war eher einsam. Aber Einsamkeit erschreckt mich nicht. Viele wundern sich, dass ich guten Kontakt zu Eliette von Karajan pflegte. Sie hat immer an mich geglaubt und mich immer unterstützt. Manchmal rief sie mich an, wenn sie in Salzburg war. Dann gingen wir zusammen abendessen – sehr spät, ganz nach Pariser Usance. Das war immer sehr gemütlich. Im Sommer haben wir gern gemeinsam ihren Geburtstag gefeiert.

Menschen, die große Kulturinstitutionen führen, müssen sich politisch äußern. Ihre Führungslinie bestimmt die gesellschaftliche Position der Kunst.

Der österreichische Rechtsruck war für mich auch in der Salzburger Landesregierung zu spüren. Das macht sich bemerkbar in der Ernennung der Leiterin des Rupertinums, in der Ablehnung des Hollein-Baus und der an seiner Stelle entwickelten, absolut unbedeutenden Architektur für ein Museum auf dem Mönchsberg.

Salzburg ist und bleibt eine Stadt, die klerikal beherrscht wird, eine Stadt von Kleingewerbetreibenden mit wenig Intellektuellen.

Salzburg soll im Sommer nur schön sein, damit die Leute sich wohlfühlen. Sie sollen vergessen, was in Palästina geschieht, in Genua oder im Baskenland.

Das konnte meine Aufgabe nicht sein.

Trotzdem herrscht in Österreich insgesamt eine viel größere Kreativität als etwa in Schottland, Holland oder Belgien. Es gibt Wien Modern und Luc Bondy bei den Festwochen, der steirische herbst hat große Ausstrahlung, zahlreiche Schriftsteller von Bernhard bis Jelinek sind lebensnotwendig, und Komponisten wie Furrer, Lang und Haas leisten hier großartige Arbeit.

Wieso verdrängt hierzulande eine starke bürgerliche Schicht diese Kreativität? Ich habe erst unlängst die Briefe zu Bernhards »Heldenplatz«-Uraufführung am Burgtheater nachgelesen. Unglaublich.

Vielleicht sind Österreichs Künstler aber auch aus diesem Oppositionsgeist heraus so kreativ. So wie früher ihre Kollegen in der DDR.

ROBERT SOMMER

(* 1962)

Theodor Herzl harsch halbiert.
Schwere Sachbeschädigung

Politisch Engagierte greifen zu Mitteln der Aktionskunst, KünstlerInnen zu Mitteln der politischen Intervention. Die Grenzen verschwimmen: wie uns das gefällt.

Die Angegriffenen sind irritiert. Haben sie es mit Kunst zu tun? Oder mit Politik? Oder mit kriminellem Übermut?

Der Aktionsradius des in der bayrischen Hauptstadt lebenden Aktionskünstlers Wolfram P. Kastner reicht über die Staatsgrenze hinaus. »In Salzburg brachte ich einige der lehrreichsten Stunden meines Lebens zu.« So könnte er sein Projekt bilanzieren, das im Sommer des Vorjahres begann und nun um ein gerichtliches Nachspiel bereichert wird.

Die Republik Österreich leitete gegen Wolfram P. Kastner, der zusammen mit dem in Wien lebenden Künstler Martin Krenn eine Klasse an der Sommerakademie für Bildende Kunst 2001 leitete, ein Strafverfahren wegen »schwerer Sachbeschädigung« ein. Ein deutsches Amtsgericht wurde um Amtshilfe und »Abhörung« ersucht. Nach Redaktionsschluss dieser Ausgabe ist Kastner vom Amtsgericht München vernommen worden. Sollte es zu einer Verhandlung kommen, findet diese im Landesgericht Salzburg statt. »Wenn sie gescheit sind, stellen sie das Verfahren ein«, sagt Wolfram P. Kastner zum AUGUSTIN. Denn ohne Zweifel wird Kastner ein solches Verfahren zum Teil seines künstlerischen – und aufklärerischen – Projektes machen. Dann geraten der Richter oder die Vertreter der Stadt Salzburg als »geschädigte« Partei – ohne es zu wollen – als Partizipanten einer Kunstaktion in die Falle, entsprechend dem künstlerischen Konzept Kastners.

Was die Republik »schwere Sachbeschädigung« nennt, war eine Aktion der Studierenden der Sommerakademie für Bildende Kunst zusammen mit den beiden Lehrenden Kastner und Krenn. Die Aktion bestand in der Richtigstellung eines Zitats auf einer Marmortafel am Salzburger Landesgericht. »Wir mussten es richtigstellen – denn das Zitat war gefälscht«, bekräftigt Wolfram P. Kastner. Von der Stadtverwaltung gefälscht. Der Begründer der Zionismus Dr. Theodor Herzl, der sein Rechtsreferendariat am Salzburger Landesgericht ableistete, hatte in sein Tagebuch geschrieben: »In Salzburg brachte ich einige der glücklichsten Stunden meines Lebens zu. Ich wäre auch gerne in dieser schönen Stadt geblieben, aber als Jude wäre ich nie zur Stellung eines Richters befördert worden«. Aus durchsichtigen Gründen unterschlug die Stadt Salzburg den letzten der beiden Sätze.

Die Rückgabe unterschlagener Worte

Kastner, Krenn und die StudentInnen brachten am 29. August 2001 in aller Öffentlichkeit eine handschriftliche Vervollständigung des Zitats vor. Sie sahen darin eine »Rückgabe der unterschlagenen Worte, in der Hoffnung, dass dies die Verantwortlichen dazu bewegen könnte, ihren Fehler zu erkennen und zu verbessern. Den teilnehmenden Studierenden wurde folgende Lektion erteilt: In diesem Land werden politische Aktionen kriminalisiert (für schwere Sachbeschädigung sind Strafen bis zu drei Jahren Haft vorgesehen), und von künstlerischer Freiheit halten die Herrschenden nicht viel. Statt den handschriftlichen Hinweis aufzugreifen und ohne Aufsehen eine Tafel mit dem korrekten, kompletten Zitat anzubringen, schickte die Stadtverwaltung einen Trupp mit weißer Farbe. Die Ergänzung wurde übermalt. Die Fälschung wurde wiederhergestellt.

Kommentar des aktionistischen Bayern: »Der Missbrauch des Herzl-Zitats zu touristischen Werbezwecken und das Beharren darauf erscheinen nicht nur mir als eine subtile Form von latentem Antisemitismus und amtlicher Präpotenz. Die österreichische Justiz hätte wahrlich andere Möglichkeiten, sich sinnvoll zu beschäftigen. In Salzburg z. B. kann man einen VW-Passat mit der Aufschrift ›ss S-TURM l‹ herumfahren sehen, unbeanstandet und mit amtlicher Genehmigung. Ist die Justiz auf einem Auge blind?«

Laut »Salzburger Nachrichten« lässt der Bürgermeister den Fälschungs-Vorwurf nicht gelten. Der Text auf der Erinnerungstafel, so das Stadtoberhaupt, habe »nichts mit einem schlechten Umgang mit der Vergangenheit zu tun«. Die Stadt habe den Text mit der Israelitischen Kultusgemeinde abgestimmt. »Natürlich wäre es unser Wunsch gewesen, das ganze Zitat auf die Gedenktafel schreiben zu lassen«, sagte deren Präsident gegenüber den SN. »Aber uns war es wichtig, dass überhaupt eine Tafel aufgehängt wird.«

MARIE-CLAUDE SALOMON

(∗ 1956)

Besuch in Salzburg

Vor 2 Jahren war ich mit einer Schülergruppe aus Brest, im Rahmen unserer Partnerschaft mit dem Staffelsee Gymnasium in Murnau für 10 Tage in Murnau. Im Laufe des Austausches sind wir nach Salzburg gefahren.

Wir waren zuerst schockiert, als wir Graffiti an den Mauern sahen: ös gegen E.U.

Dann war es aber schlimmer: eine Schülerin war mit anderen auf dem Markt und wollte eine Kette probieren;

der Händler hörte, dass sie französisch sprach, da riss er ihr die Kette aus den Händen, warf sie weg und sagte: »Nein, an Franzosen verkaufe ich nicht; alles Schweine, ich will etwas nicht berühren, das Franzosen gehalten haben.«

Ich traf meine Schüler ein bisschen später, sie waren total verblüfft und unter dem Schock; sie wollten weg, nicht in Österreich bleiben; nach einiger Zeit schaffte ich es, sie zu beruhigen, und sagte, dass es überall blöde Leute gibt, auch in Frankreich.

Es war ja im Mai gerade nach den Problemen zwischen Haider und Frankreich ...

Zum Glück habe ich es geschafft ein Jahr später mit einer anderen Gruppe wieder hinzufahren, um sie zu überzeugen, dass nicht alle Österreicher so waren ... uns es ist uns gelungen!!!

VOLXTHEATER

Caravan Diary: Freitag; 29er Juni 2001.

Liebes Tourtagebuch,
Um das Straßenfest im Volxgarten zu »promoten« verlässt eine Gruppe von etwa 25 Personen als Mozarts oder Militärkomando verkleidet um 13.00 Uhr die Elisabethstraße. Die Mozarts verteilen Infoflugis, die die Panikmacherei und mediale Hetze gegen die WEF-DemonstrantInnen angreift sowie Flyers fürs Straßenfest. Der Sprecher der Mozartmiliz versichert

der Salzburger Bevölkerung über ein Megaphon, dass die Exekutive auf das Chaotenpack vorbereitet und jederzeit schussbereit ist. Auf der Höhe des Kongresszentrums hält uns ein Trupp von 100 Polizeibeamten auf, kontrolliert alle Ausweise ohne weitere Erklärungen, interessiert sich vor allem für die Herkunft des Megaphons und lässt uns eine halbe Stunde in der prallen Sonne stehen. Wasser einkaufen wird uns nicht gestattet, ebensowenig auf's Klo zu gehen. Nach Abschluss der Amtshandlung werden wir weitergelassen. Glaub'ste!

Nach 20 Metern werden wir abermals angehalten, diesmal von einer anderen Polizeieinheit, die angeblich das Oberkommando über »unseren Fall« erhalten hat. Unser Umzug hätte nämlich aufgrund von kleinen Details, wie dem Megaphon, einem Miniaturtransparent mit der Aufschrift »RADIKAL« und einer Gasmaske »manifesten Charakter« und wäre – weil nicht angemeldet – illegal. Wir einigen uns darauf, diese »kleinen Details am Rande« wegzulassen und können nun in Begleitung von etlichen Beamten weitergehen, ziehen durch die Salzburger Innenstadt, werden von Touristen begafft und fotografiert, verteilen Flugis, erregen Aufsehen.

In einer Nebenstraße stoppt die Polizei unvermutet einen Kleinbus aus Holland. Die Insassen in orangenen Arbeitsjacken geben an zum Arbeiten nach Salzburg gekommen zu sein. Ausweiskontrolle, Perlustrierung. Einer der Holländer muss sich sogar die Schuhe ausziehen, das Auto wird engagiert durchsucht – aber erfolglos. Wir warten ein Weilchen am Gehsteig sitzend

und als sich herausstellt, dass die Beamten den Kleinbus weiterfahren lassen müssen, gehen wir g'miatlich
weiter in den Volxgarten.

Im Volxgarten sorgen einige DJ's am improvisierten
DJ-Pult für den richtigen Soundtrack zum Video der
Staatspolizei, das permanent gedreht wird. Zuerst
verstecken sich die fleißigen Kameramänner noch
hinter Büschen, doch irgendwann dürfte ihnen das zu
mühsam geworden sein und sie beginnen uns mehr
oder weniger offiziell zu filmen. Die Linsen der Volx-
küche, die schon in Wien für die Aufmerksamkeit der
Polizei gesorgt haben, kochen langsam aber beständig vor sich hin, Artisten bringen sich gegenseitig
jonglieren bei und die Hunde sind die Einzigen, die
das gemütliche Picknick nicht in Ruhe und Frieden
genießen wollen. Polizeieinheiten beschützen uns,
trauen sich hie und da näher zu kommen, um zu schauen
was so passiert. Ein Fotograf der Staatspolizei erklärt
auf die Frage warum er denn die Leute fotografieren
würde, »in inglisch«, dass er »private« Fotos machen
würde. Irgendwann kommt dann noch eine größere
Gruppe von AktivistInnen hinzu, das Fest wird ordnungs-
gemäß um zehn Uhr beendet, der Müll weggeräumt
und während einige das Material in Autos wegführen,
wandert eine große Gruppe mit Fackeln stadteinwärts,
im Laufschritt von etliche Beamten und Wiener Staats-
polizisten, die auf den schnellen Aufbruch nicht
gefasst waren, verfolgt. Das Pippi-Langstrumpf-Lied
wird gepfiffen und Sprechchöre schallen durch Salzburg. Zurück in der Elisabethstraße werden die Demonstranten jubelnd empfangen. Es dauert ein Weilchen bis sich die Polizei am Stadtplan zurrechtfindet

und feststellt, dass die Demo hier wohl zu Ende sein muss. Betrunkene schicken die »jungen Leit« hackl'n und fragen wofür wir denn demonstrieren … WOGEGEN ist da wohl eher die Frage!

HERBERT ACHTERNBUSCH

(* 1938)

Den größten Spaß

Den größten Spaß macht es mir beim Herkommen immer, an Salzburg vorbeizufahren.

Auch wenn ich eine Einladung habe, fahre ich an Salzburg immer wahnsinnig gerne vorbei.

Vor allem wenn sie ihren Kunstzirkus haben. Ihren Theaterzirkus …

An Linz fahre ich auch gerne vorbei, aber nicht mit dem selben Genuß wie an Salzburg.

BODO HELL

(∗ 1943)

Untersberg

i woas was i tua
i zreiß ma die Schuah
wann da Kaiser Karl kimbt
der flickt mas wieda zua
(Valentin Pfeifenberger)

beim Autobahndreieck Gois verursachen Bäume, die
unter dem Schneedruck geknickt auf die Fahrbahn
gestürzt sind, erhebliche Verkehrsbehinderungen,
der zähfließende Verkehr im Bereich der ehemaligen
Grenzabfertigungsstellen beginnt sich wieder aufzu-
lösen, in Gegenrichtung auf der bayrischen Seite
mehr als 30 km Stau, Empfehlung: weiträumig über
die Bundesstraßen ausweichen, die wassergefüllten
Schottergruben in unmittelbarer Nähe dieses jetzigen
Knotens Salzburg-Walserberg-Süd sind noch vor dem
Krieg durch Materialaushub für den Autobahnbau
zustandegekommen und seit der unmittelbaren Nachkriegszeit als Badeteiche beliebt, ›fahren wir zum
Weiher‹, wurde wie selbstverständlich vorgeschlagen,
und schon sind die Fahrräder bestiegen, die Kinder
in die geflochtenen Lenkradsitze gesetzt, die Jausen
in die Proviantdosen und diese in die Badetaschen
gesteckt, die Jugendlichen zuckeln, auf ihren eigenen
Fahrrädern hinterher oder fahren zwischen den Erwachsenen, man kann den Blick nicht vom zitternden

hinteren Kotflügel des vorne fahrenden Onkel Bertl lösen, der hat gar noch eine Karbidlampe (wie das riecht!) vorne dran, oder zumindest die Halterung für eine solche, erst auf der Rückfahrt wird im Gasthof Jägerwirt mit offenem Gastgarten und freiem Blick zum ›U-Berg‹ eingekehrt, man fuhr entweder die Straßenstrecke über Himmelreich (NDP-Zusammenkünfte Norbert Burgers im dortigen Gasthof, noch keine StraßenUntertunnelung, FlughafenRollfeld kürzer), durch Loig und Viehhausen bis zu den AutobahnWeihern, damals waren es noch zwei getrennte Becken, oder man radelte auf dem Schotterweg die Glan entlang vorbei an der Kendlersiedlung in die Waldstücke hinein, wo es nach Gerber oder Abdecker roch und die alten rumpelnden Betonplattenpisten nicht mehr den zu versteckenden Fliegern als Unterschlupf dienten, sondern als kostenloser Parcours für private Fahrkurse benutzt wurden, vorbei am Laschenskyhof, wo in den WaldBaracken die Kriegsheimkehrer abgerüstet worden waren, d.h. daß sie wohl kurz darauf Frau und Baby wiedergesehen haben (›die deutsche Mutter und ihr erstes Kind‹), heute weisen Straßennamen wie Hochthron- und Geiereckstraße in der Kendlersiedlung zu den nahen dohlenumzischten Bergspitzen hinauf (›solange die schwarzen Vögel noch um die Gipfel kreisen‹), als müßten sie vom Start- und Landedonnern der Flughafenpisten ablenken, während der Berg mit seinem Schatten nicht nur auf die sagenhafte eschatologische Walstatt zu seinen Füßen beim Birnbaum (als neues Bäumchen immer wieder nachgesetzt) am Walserfeld herabzeigt (›wenn dann der Kaiser mit seinen Heerscharen endlich hervortritt, Karl der Große oder Friedrich Barbarossa‹), sondern auch den trivial endzeitlichen Kommunalfriedhof mit seiner Felsensilhouette dominiert, düster schauen die Waldflanken der Nordhänge herunter (im Kontrast zu den Südwänden Richtung Berchtesgaden), düstere Vorstellungen verbinden sich mit dem Gedanken an den in Schloß Klesheim zu diktierenden Frieden des Tausendjährigen Reiches über seine besiegten Kriegsgegner, der beängstigende Blick zum Obersalzberg (damals zwangsweise Absiedlung der dort ansässigen Bauern) würde erst bei verschobenem Fußpunkt akut, Ettenberg und Maria Gern auf der Sonnseite des Massivs dienten nachmals als sonntägliche AusflugsPilgerstätten für diejenigen Salzburgerinnen und Salzburger, die sich mit dem EngelsSturz ihrer Illusionen nicht abfinden und in unheiliger Andacht zum sogenannten Teehaus hinaufschauen wollten, ein halbes Jahrhundert später kann der ehemalige Hüttenwirt in seiner TV-HeimatMusikSendung nicht nur den Hubschrauberschatten über die beiden Hochthrone und das Zeppezauerhaus hinweggleiten lassen, sondern auch die 300 Jahre alten TraditionsWallfahrten etwa der fernen Abtenauer Bauern auf diesen Almberg zu Füßen des Berchtesgadener Hochthrons erwähnen, bei denen um Gesundheit für Mensch und Vieh und Anwesen gebetet wurde, von den in der Mehrzahl abgekommenen Almen des Untersberges selbst sind zumindest die Namen übriggeblieben: Kienbergalm, Mitterkaser, Bachkaser, Karkaser, Grubenkaser, Scheibenkaser, Reisenkaser, Zehnkaser, Vierkaser, Klinger- und Schweigmühllalm, aus den vielen Kasern (vom romanischen *casa*: Haus) kommt kein Käse mehr

ins Tal herunter, die Latschenfelder des nach Nord-
westen abgedachten grobdreieckigen Hochplateaus
gelten infolge der aggressiven Niederschläge auf diesen
Prallhang als schwer geschädigt, aus der oberen Rositten
leuchten herbstens gelbbraun die Borstgrashorste
herunter, stets in der Blicklinie des dominierenden
Schlosses Glanegg, über den Dopplersteig hinauf (mit
ungewisser WegEinmündung von Grödig übers Grödiger
Törl herauf und mit unmarkiertem Abstecher zur roten
Kolowrat-Höhle) und über den Reitsteig und seine
durchgehende Holzstufenkonstruktion herunter, nicht
umgekehrt: das konnte als traditionelle Sommertour
gelten, zuletzt etwa mit dem ehemaligen Mitschüler
und Kammerjuristen begangen, der sich dann über-
raschend aus dem Leben verabschiedet hat, nur von
fern hätte jemand auf die Idee kommen können, illegal
Einreisesuchende über die hochgelegene grüne Grenze
des Schellenberger Sattels vorbei an den Sichtschneisen
aus den Diensthütten des Zolls in die ersehnte BRD
zu führen (früher Zigarettenschmuggel), dann und
wann wird der Bericht vom Wildererdrama aus den
Dreißigerjahren (*Kugeisimei* aus Großgmain überlebt
Sturz von winterlicher Felswand und wird verpfiffen)
in den Mayr-Melnhofschen Revieren über Wolfschwang
wieder lebendig, von dort oben kann man, soweit das
Auge reicht, nach Norden hinausschauen, wohl wissend,
daß sich bis zur Nordsee hin keine annähernd so hohe
Erhebung mehr in den (Blick)Weg stellt, auf der Höhe
Schweigmühlalm sollen schon UFOs gelandet sein, in
den Runsen des Untersberges hält sich einer Über-
lieferung nach der Antichrist in Gestalt eines Lind-
wurms verborgen, und er wartet nur darauf, mithilfe

einer Jungfrau in diesen unwiderstehlich schönen Jüngling verwandelt zu werden, der dann die letzte SchreckensHerrschaftsperiode vorm Weltgericht einläutet, unten drinnen im Berg aber wächst zur selben Zeit der Kaiserbart siebenmal ums Tischbein, wie beim Gasthof Esterer in Fürstenbrunn im Garten (von Wolfgang Schwaiger) als Ungetüm in Marmor gehauen zu sehen und die Szene ist draußen im Kiosk vor der Wallfahrtskirche Maria Plain als bewegliche Miniaturdarstellung (ehemals mittels Münzeinwurf) aufzurufen, wer sonst noch aller in den kalten Gemächern des ›entrischen‹ Berges haust, das kann man als Kind nur erahnen oder als Erwachsener in den Pegius'schen und Gitschnerschen Dokumenten des 16. Jhdts. nachlesen, aber auch bei Ernst Bloch und Ilse Aichinger (*In das Land Salzburg ziehen*) im 20. Jhdt., da heißt es jetzt schnell aus der unmittelbaren Nähe des gefährlich lastenden/kreissenden Berges fliehen, z.B. in die nördliche Moränenlandschaft mit ihren EiszeitRestSeen, von dort her sieht man dann zum charakteristischen Einschnitt der Mittagsscharte hinauf, einer Konturform mit BergUhrBezeichnung, die auch der Namenserklärung *UntarnBerg* (= Berg im Süden) Vorschub leistet, ›das sollten Sie heute einmal versuchen‹, könnte jemand auszurufen sich veranlaßt fühlen, wenn er bei Durchsicht alter Fotos mehrere Radfahrer nebeneinander auf dem damaligen AutobahnSackgassenstück von Grödig her fröhlich in Richtung Autobahnweiher fahren sieht, mit den schweren Rädern auf der Betonplattenfahrbahn dahintretend, wie sie dann allesamt an jener mächtigen Eiche im Fahrbahnenzwickel ungehindert von (nachmaligen) Leitschienen

oder eventuellen Lärmschutzwänden mitten ins sommer-
lich duftende und vom Summen erfüllte MoorGelände
hineinbiegen und sich auf den bekannt verschwiegenen
heißen Lagerplätzen unweit der Autobahnweiher nieder-
lassen

KID MÖCHEL

(∗ 1964)

Der geheime Krieg der Agenten.
Endstation Salzburg

»Zweimal Jahr werden in Salzburg Ostspione ent-
tarnt«, titelten die »Salzburger Nachrichten« am 14.
Dezember 1990 und beriefen sich dabei auf Aussagen
eines leitenden Staatspolizeibeamten der Mozart-
stadt. Doch diese angebliche staatspolizeiliche Er-
folgsbilanz beleuchtet nicht einmal die Spitze des
Eisbergs. Denn die Stadt unter der Hohensalzburg
wird von jeher von Agenten aus Ost und West als
Treffpunkt genutzt. Die Agenten am früher sowjetischen,
jetzt russischen Generalkonsulat und ihre westlichen
Gegenspieler nutzen nicht nur ihre lokalen Basen für
die geheimen Machenschaften. Auf Grund der geo-
graphischen Lage war und ist Salzburg auch Zwi-
schenstation für Kundschafter aus dem Ausland, die
hier mit ihren Führungsoffizieren und Instrukteuren
zusammenkommen. Besonders beliebt war die Mozart-
stadt bei den in Deutschland stationierten Ostagenten.

Wie Wien galt Salzburg für die Moskauer Spione lange Zeit als sichere Stadt. Ließ man sie hier doch still und leise gewähren. Ein weiterer Vorteil für die Russen lag darin, daß die Treffs von Agentenkollegen des Salzburger Konsulats mit der geeigneten Tarnung inszeniert werden konnten.

Doch nicht bei allen operativen Einsätzen behielten die Moskauer Kundschafter die Oberhand. Im Dezember 1990 gelang es der österreichischen Stapo in Zusammenarbeit mit der bundesdeutschen Spionageabwehr in einer aufwendigen Operation, ein Netz des sowjetischen Militärgeheimdienstes GRU zu zerreißen. Ausgangspunkt dieser Spionageaffäre waren die sowjetischen Agentenbasen in der Bundesrepublik Deutschland.

Am 17. Februar 1987 fuhr Koulin nach Salzburg. Gegen elf Uhr vormittags bezog er vor einem Blumenladen in der Münchner Bundesstraße Position und wartete dort auf seinen Kontaktmann, Nach dessen Eintreffen schlenderten beide in eine nahe gelegene Wienerwald-Gaststätte.

Acht Wochen später gab es ein neuerliches Treffen zwischen dem GRU-Mann und seiner Quelle. Diesmal zog man aber den Gehsteig vor einem Schuhgeschäft in der Salzburger Radetzkystraße als Treffpunkt vor. Der GRU-Offizier kam mit einem botschaftseigenen dunkelgrauen Audi 80. Auch diesmal speiste man in einer Gaststätte um die Ecke.

Sechs Wochen später, am 20. Mai 1987, kam es zum nächsten Treff. An diesem Tag wurde Salzburg von seinem sprichwörtlichen Schnürlregen unter Wasser gesetzt. Mit etwas Verspätung traf der GRU-

Agent in einem deutschen Mittelklassewagen der Marke Audi ein und kutschierte die nasse Radetzkystraße rauf und runter, Schließlich parkte er am Straßenrand, blieb jedoch im Wagen sitzen.

Nach einigen Minuten stieg eine unbekannte Person, die einen Aktenkoffer bei sich trug, zu Aleksandr Semjenowitsch ins Auto. Anfangs diskutierten die beiden gestenreich, später übergab der Beifahrer schriftliche Unterlagen an Koulin. Danach fuhr man in die Altstadt, wo der Audi in der Parkgarage-Nord abgestellt wurde. Die Herren spazierten durch die noble Salzburger Getreidegasse, zu allen Jahreszeiten eine Art »Pamplona« touristischer Menschenmassen, und betraten schließlich das noch noblere Hotel-Restaurant Goldener Hirsch, wo sie vorzüglich speisten und angeregt Informationen austauschten. Nach einer Stunde verlangten sie die Rechnung und gingen zum Auto zurück. Am frühen Nachmittag düste der Sowjetspion über die Westautobahn wieder Richtung Wien.

Am 11. Dezember 1990 fuhr der GRU-Offizier nach Salzburg. Doch Starodoubtsew war den Salzburger Staatsschützern von einem »befreundeten Dienst« schon avisiert worden. Gegen halb elf Uhr vormittags wurde sein weißer Opel Ascona, mit dem Wiener Kennzeichen W 614. 334, vor einem Haus in der Strubergasse entdeckt. Der Wagen war auf die Botschaft der UdSSR zugelassen und mit einem CD-Schild versehen. Starodoubtsew spazierte über die Salzburger Radetzkystraße, wechselte die Straßenseite und stieg gegenüber einem Schuhgeschäft in das Auto seines Kontaktmannes. Nach der Begrüßung fuhren die beiden nur wenige Meter weiter, um dann in der nächsten Parklücke gleich wieder anzuhalten. Hier begann ihr konspiratives Palaver das in die Übergabe etlicher Papiere mündete. Zehn Minuten später bog der Wagen von der Aigelhofstraße nach links in die Innsbrucker Bundesstraße und hielt plötzlich an einer Tankstelle. Starodoubtsew sprang heraus, schwang seine dunkle Umhängetasche über die rechte Schulter und marschierte im Eiltempo zu seinem Botschafts-Opel.

Sekunden später, gegen 11.40 Uhr vormittags, schlossen sich stahlkalte Handschellen um seine Handgelenke, Starodoubtsews Gegenwehr scheiterte angesichts der polizeilichen Übermacht kläglich. Der Agent wurde in die Bundespolizeidirektion in der Alpenstraße gebracht. Dort legte er einen Diplomatenpaß vor, dessen Österreich-Visum bereits am 10. Juli abgelaufen war. Eine rote Legitimationskarte, die jedem Volldiplomaten vom österreichischen Außenministerium ausgestellt wird, konnte er allerdings nicht vorweisen.

JOHANN SKOCEK

(∗ 1954)

Das Wundermittel gegen Deutsche: Otto Baric

UEFA-Cup: Salzburg wünscht sich
im Halbfinale Karlsruhe

Zum guten Schluß müssen die Deutschen noch froh sein. Otto Baric, sagt Otto Baric, wurde im Europacup noch nie ein deutscher Verein zugelost. Mit Rapid eliminierte er Dresden, aber die waren aus der DDR. Sonst, sagt Baric, hätte er die Deutschen schon früher ausgeschaltet. SV Austria Salzburg tat dies mit 5:4 der Eintracht Frankfurt im Elferschießen des UEFA-Cup-Viertelfinales an, Baric wird noch im Finale auf der Tribüne sitzen. Denn in Frankfurt diente er erst das erste seiner fünf Spiele ab.

Klaus Toppmöller, dessen Minipli jetzt wahrscheinlich noch größere Flecken aufweist, und seine Mannschaft sind jetzt definitiv die größte Lachnummer von Deutschland. Das haben sie im Falle des Ausscheidens gegen die Salzburger selbst prophezeiht. Der Präsident von Eintracht Frankfurt sagte nach dem Match nicht einmal mehr, er stehe hinter dem Trainer, er sagte gar nichts. Toppmöller wird vielleicht bald viel Zeit haben, in den Keller lachen zu gehen. Ganz allein.

Dunajska Streda, Royal Antwerpen, Sporting Lissabon, Eintracht Frankfurt. Und wer kommt jetzt? Am Freitag um 12 Uhr erfolgt die Auslosung fürs UEFA-Cup-Halbfinale. »Wir sollten bei den Deutschen bleiben, die liegen uns«, sagte Otto Konrad, er wünscht sich den Karlsruher SC. Der stieg gestern mit einem Gesamtscore von 2:1 gegen Boavista Porto auf. Ein weiterer deutscher Club Dortmund – kämpft heute, eher auf verlorenem Posten, gegen Inter Mailand. Zur Disposition steht auch noch Cagliari (siegreich über Juventus).

Zum guten Schluß müssen auch die Salzburger selber froh sein. Sie wurden von Tausenden Fans am Flughafen begrüßt, ja gestürmt. Ein paar schwerer Verletzte blieben zurück. Der glimpfliche Ablauf ist vielleicht nur dem verspäteten Eintreffen der verschlafenen, milden Sicherheitskräfte zuzuschreiben. Die erwarteten den Sieg der Salzburger nicht, und wurden durch die Begeisterung der Anhänger überrascht. Alle gratulierten, selbstverständlich auch Kanzler Vranitzky.

Was bleibt, ist die Erleichterung. Eine österreichische Mannschaft zuckte einmal nicht vor Härte, Disziplin und Kraft zurück. Die Salzburger haben sich den Aufstieg tatsächlich »verdient«, wie die Fußballer sagen. Sie meinen damit, daß Glück ein Konto ist, auf das man einzahlen kann, um irgendwann die Zinsen kassieren zu können. Die Salzburger zahlten fest, hielten die Abbuchungen in Grenzen – Yeboah wurde fast ganz, Bein hauptsächlich abgestellt – und warteten auf die Abrechnung.

Adi Hütter, Franz Aigner, Thomas Winklhofer, allesamt junge, wenig bekannte Kicker, bewegten sich auf internationalem Niveau, als wäre das ganz selbstverständlich. Von Hermann Stadler, Wolfgang Feiersinger,

Leo Lainer, Kurt Garger war das eher zu erwarten, sie taten ihr Bestes, und das war an diesem Abend eben sehr gut.

Peter Artner sollte sich auch wieder fangen, sein Ausschluß läßt sich auf Unbesonnenheit und mangelnde Spielpraxis zurückführen. Marquinho wird schon werden und Nikola Jurcevic ist seit Dienstag endgültig der beste Stürmer einer österreichischen Mannschaft. Und Otto Konrad? Der sollte in Zukunft alle Elfer so schießen wie den sechsten gegen Frankfurt, den zum 5:4. Salzburg will ja auch Meister werden, nicht nur UEFA-Cup-Sieger.

KATHRIN RÖGGLA

(∗ 1971)

Stehen, sitzen, liegen –
Orte für Sechzenjährige

kleiner zwischenfall in der linzergasse, d. h. über der linzergasse:

– die burschenschaftler, die burschenschaftler, sie konspirieren wieder!

– er mit einer wasserbombe mitten ins zimmer rein, vom gegenüberliegenden fenster, quer über die linzergasse rüber, sind ja nicht mal 6 meter!

– und?

– na, getroffen hat er.

– und sie?

– das fenster haben's geschlossen, aber erwischt haben sie ihn nicht.

– mensch, waren das zeiten.

– es waren die 80er.

seitdem hat man den luftraum gesperrt, da kommt nichts mehr durch, und sie haben ja auch recht: x leute gehen jeden tag auf dieser straße, meist kommerzieller zwecke wegen, dazu x touristen sommers und x touristen winters, die den sebastiansfriedhof sehen wollen oder die linzergasse als zugang zum kapuzinerberg benutzen, die gefährdung muß also gesehen, die trefferquote muß berechnet werden, kurz: über

den luftraum läuft nichts mehr, nein, da ist alles dicht.

das fängt schon beim platzl an. so viele himmelsrichtungen gibt es

hier, und keine hilft: die denkstein-richtung, die gollhofer-richtung,

die lanz-richtung. opferkuch? nein, so weit will man dann doch nicht

gehen.

so viele himmelsrichtungen gibt es, und selbst die können sich noch

ändern, je nach tageszeit, denn kommt man spätabends aus dem

centralkino, was kann man da hören? man kann sich reden hören:

– was mach ma jetzt?

– nach piding in die disco? nach freilassing in die disco? nach anif in die disco?

ach, das sind ja schon wieder die 80er! ja, so schnell wird man die eben nicht los. da muß man sich schon andere tricks überlegen, da muß man sich schon mehr ins zeug legen, um rauszukommen aus diesen zeiten, die man mit kajal und dauerwelle verbracht hat, in jeansjacken und schlabberpullis bis zum knie, im gründungskarton von falco sitzend oder: neue deutsche welle – quatsch: new wave und punk! –, jedenfalls klartext sprechend: hier holt mich keiner so schnell raus!

und vielleicht ist man ja wirklich drin geblieben, und jetzt holt einen auch keiner mehr raus, nein, »du weißt ja, in dieser stadt werden nichts als architektonische pluspunkte verteilt«, ansonsten alles aufgelöst in psychologie:

– die spinnt doch.

– die hat doch den vollschuß: klaut einfach die ohrringe!

– echt! nimmt sie und haut ab.

und: »auf dem stand einer elfjährigen geblieben« oder: »total unfähig«, was man halt so übereinander sagt, während man »geschäfte schauen« geht nach der schule, so nachmittags, oder im café sylvia ein eis essend, aber das war später, noch hatte man ja »kein geld«, dafür den glauben, daß der selbstmord einer 15-jährigen schülerin interessanter ist als der einer 50-jährigen hausfrau, dabei ist man hier immer schon über fünfzig.

den glauben, daß am ende der staatsbrücke die touristen wirklich in die falsche richtung laufen, in die man sie geschickt, dabei geht schon die staatsbrücke in die falsche richtung, immer nur auf die andere seite.

ja, es ist zu dumm, fünfzehn sein und keine gründe dafür haben, keine guten gründe zumindest, was

bleibt einem da noch übrig? am platzl vor der telefon-
zelle warten beispielsweise, aus der rein gar nichts
rauskommt, beispielsweise da auf dem fahrradständer
sitzen, beispielsweise reden:

 – gib ma an tschick.

 – hearst, wie redst denn, bist bsoffa?

 – sie is a ned bled, die urschl.

 – wos?

 – loßt mi stehn a hoibe stund und dann schreits mi
a no zam.

 – verschärft, und des laßt da bietn?

 – siagst den tüppn da?

 – wen?

 – na den da.

 – der beobacht uns schon die gonze zeit.

 – a wos. und was duama?

 – geh ma zum peda.

 – und wos da?

 – na nichts, was soima da scho duan? abhängen.

 – host jetzt an tschick für mi?

 – reiß di zam, ja! wir sind hier nicht in wien!

 – kommt ma a grad so vor.

pubertierende nachahmen bis zum umfallen, dabei
in den dialekt fallen, das könnte es sein, immer mehr
in den dialekt fallen und dabei pubertierende nachahmen, möglichst noch in der linzergasse, wo man die
einmalige chance sieht, aus den 80ern wieder raus-
zufinden, in die man durch sie so reingeraten war. ja,
bin ich mir sicher, hier führt der weg von den 80ern
in die 90er hinein, hier muß es schließlich gewesen
sein! – doch nichts da, sagt er mir schon am telefon:
wo werden wir uns treffen?

– mit sicherheit nicht im café bazar, denn muß ich schon fünfzehnjährig sein, dann nicht im café bazar. das ist was für die vom akademischen gymnasium, das ist was für die blasierte fraktion. immer in weinrot, dunkelblau, dunkelgrün.

– und die mädels tragen tücher und haben accessoires.

– man spielt hier gelassene schwermut schon mit fünfzehn, wie gesagt, man ist mit fünfzehn hier schon fünfziglich.

– pullunder: ein salzburger wort.

– und ringsum schinken-käse-toast-überfahrene gesichter, das sind die touristen, ringsum die melange-fraktion, die immer gleichzeitig die gollhofer-denkstein-opferkuch-himmelsrichtung einnehmen können, das sind die einheimischen: gleichzeitig vater in der landesregierung, mutter im ärzteverband. – quatsch! zumindest gibt es hier die denk-steinbuam, ja, die denksteinbuam, die gibt es zu jeder zeit, ob 80er oder 90er, weiß ich, sie treten immer zu zweit auf und golfen dann immer gleich los – könnte ich beweisen, doch ins café bazar bringen mich eben als fünfzehnjährige keine zehn pferde, da brauche ich schon einen ganz andren ort. – also wo?

gibt es nicht mehr: die tanzschule in der berggasse.

gibt es nicht mehr: susannes wohnung, gibt es nicht mehr, den blick

vom atelierfenster aus runter auf die gasse. gibt es noch: das centralkino

mit den billardtischen im keller, das schnaitlpub, den jazzkeller, lasse

ich mir jetzt sagen, das jugendcafe, lasse ich mir sagen.

gibt es: täuschend ähnlich zu früher auch unser gespräch, doch ganz

trifft es nicht. – naja, verliebt sind wir halt nicht.

– ist auch eine menge zeit vergangen.

– hast du eine ahnung.

– jedenfalls: vorbei ist vorbei.

also ins schnaitl pub, also zum billardspielen ins centralkino, also in den jazzkeller, mit polstern am boden sitzen und dann geräuschpegel und alkohol-pegel in abrupte beziehung setzen, hinein in den 50er-jahreblick der polizei? – quatsch! und doch, erzählt er mir, als wir die gasse hochgehen, gibt es hier immer wieder polizeiliche probleme. doch an-sonsten, fährt er fort, findet die innenstadt gar nicht mehr statt, man fährt ja jetzt hinaus ins cinemaxx, man fährt ins zib, man fährt in den europark.

– ach, wirklich?

gibt es nicht mehr: die gollhofer-richtung, die opfer-kuch-richtung. und

geschirr-roittner mußte auch dicht machen.

einzig der papstbesuch komme immer wieder, ist ihm dann doch noch eingefallen, immer wieder führe er durch die gasse durch, immer wieder würden die häuser von der staatspolizei kontrolliert, immer wieder sage der bekannte seiner eltern prompt auf die frage, was denn mit seinem leeren fensterplatz geschehe: da kommt die flak hin. immer wieder konfrontiere ihn der staatspolizist mit der möglichkeit eines polizei-lichen gewahrsams. denn ein ernst müsse in der lage, ein ernst müsse in uns allen drinnen sein.

– richtig, muß ja schließlich das gleichgewicht er-halten bleiben zwischen unten und oben, zwischen

luftraum und boden. zwischen innen und außen, deswegen gibt es wohl auch fenster, ja fenster innen,
fenster außen, und alle helfen mit beim sehen, doch
nur die einen bleiben stehen.

und so muß ich wohl aus den 80ern entkommen,
das muß der trick gewesen sein.

DANIELA ELLMAUER

(∗ 1966)

Was bleibt – Auf allen Bahnsteigen eine Uhr

Wir reisten mit leichtem Gepäck, sauberer Wäsche,
Proviant, mit unseren Schulbüchern, Glücksbringern.
Trotzdem standen wir jedesmal vor der Gepäcksauf-
bewahrung und erfanden jedem Koffer einen Besitzer,
jedem Kunden eine Geschichte, jeder Geschichte ein
unglückliches Ende. Wenn einmal jährlich die nicht
abgeholten Koffer zum Verkauf anstanden, war das
für uns wie ein Verrat an den Geschichten und an
unserer Sehnsucht nach ein bißchen Tragödie.

Wir sahen Fremde ankommen und unsicher aus
dem Zug steigen, innehalten, sich versichern, daß
dies der richtige Bahnhof ist – was schwierig ist, denn
so verschieden die Orte sein mögen, an die man reist,
so sehr gleichen sich doch die Bahnhöfe, an denen
man ankommt. Manchmal sprach uns jemand an, allzu
oft waren wir auf Handzeichen angewiesen. Es traf
uns wie ein Schlag, als wir zum ersten Mal Worte in

einer fremden Sprache verstanden und das verhaßte, gefürchtete Englisch sich also doch als lebendige Sprache erwies – wo wir doch sicher gewesen waren, daß man es erfunden hatte, um uns zu quälen.

Einmal fiel ein älterer Mann auf dem Bahnsteig in die Knie, und wir beobachteten fasziniert, wie die Tränen über sein Gesicht liefen. Keine von uns dachte daran, ihm aufzuhelfen. Er weinte lautlos, der ganze Körper nahm daran teil, war ein einziges stummes Schluchzen. Damals lernten wir, daß die Ankunft schmerzhafter sein kann als der Abschied.

Über uns stand die Uhr. Man entkam ihr nie. Auf allen Bahnsteigen eine Uhr, und der Zeiger ließ sich nicht aufhalten. Auch wenn wir die Zeit dehnten bis zum Zerreißen, jede einzelne Minute auskosteten – irgendwann rannten wir dann die Stiegen hinunter, durch die Halle, über den Bahnhofsvorplatz zur Busstation, Zur Schule, ins Heim. Und wieder eine Woche dahin und wieder nicht gelebt.

Der Bahnhof war der Fixpunkt in unserem Leben, auch wenn keine von uns ihn so wahrnahm. Inzwischen hat die Welt sich gedehnt, verformt wie eine Luftblase unter dem Eis. Das Ausland ist näher gekommen, und gleichzeitig haben sich die Grenzen entfernt. Die Stadt ist gewachsen, weltläufiger geworden und zugleich seltsam kleinmütig und angstbeißerisch gegen alles Schwache, Fremde. Der goldene Gott über dem Torbogen ist noch da, die Marmortafeln danken dem toten Kaiser, aber die Gegend um den Bahnhof ist schäbiger geworden, der Vorplatz eine eiternde Wunde, die nicht mehr heilt. Die Bahnhofsmission ist verschwunden, kein Schranken öffnet sich freitags um halb vier. Viel mehr Bahnsteige, Züge, Menschen.

An den Sommerabenden riecht es immer noch nach Italien.

HELMUT EISENDLE

(1939–2003)

Reise von Salzburg nach irgendwo

Ich nehme Hut und Mantel vom Haken, mein Blick fällt noch einmal auf das große Gemälde an der Wand – der Hirsch aus dem Salzburger Hochgebirge schaut zu mir her dann zahle ich und verlasse das Bahnhofsrestaurant.

Die Mischung aus verlorenem Prunk, ein Relikt aus dem alten Österreich, und der modernen Verkommenheit ist das, was diesen Grenzbahnhof nach außen hin bestimmt. Die Eisenkonstruktion der Bahnsteige mit ihren Verzierungen, die Aufschrift »Nach Deutschland«, ein Reiz für jeden, der in diesem Land geboren wurde, der Zeitungsstand, das Blumengeschäft, die rollenden Jausenwagen vor den Zügen, die Ausländer, ankommende, abfahrende, auch jene, deren Heimat aus einem Zufall gerade dieser Bahnhof geworden ist, das Stehbuffet, das Pissoir ums Eck, dessen Wände vollgekritzelt sind mit einer Sammlung überregionaler Graffitis, die trübe oder freudige Stimmung des Abfahrens und Zurückkehrens, alles, jedes Gefühl, jedes

Detail ist ein Charakteristikum eines Bahnhofs schlechthin und doch mehr, wenn es der Salzburger Bahnhof ist.

Zweierlei ist die Liebe zum Bahnhof, im speziellen zu diesem hier: Zum einen ist es eine Station der Sehnsucht für jenen, der aus Österreich stammt, den Ostösterreicher aus der Steiermark, aus dem Burgenland, aus Niederösterreich oder aus dem südlichen Kärnten mit dem natürlichen Wunsch nach der Fremde, dem kleinen Amerika Deutschland, einem Land, das seine Muttersprache spricht, zumindest aber hochdeutsch, und das ihn, den erstmalig Ausreisenden schon dadurch auf einem sanften Weg ins Ausland führt. Die Erwartungen des Abenteuers in der weiten Welt werden für den Österreicher vorerst in Deutschland, dem großen Bruder, enttäuscht oder erfüllt.

Zurückgekehrt oder verblieben merkt der Debütant des Ins-Ausland-Fahrens bald, daß nicht die Ähnlichkeiten, sondern die Unterschiede die Deutschen und die Österreicher bestimmen.

Er kommt wieder am Grenzbahnhof Salzburg an, geht zum Würstelstand, bestellt eine Bockwurst, spürt den scharfen Kren in der Nase, sieht den Blumenstand, die verzierten Säulen des Perrons, die Aufschrift »Nach Deutschland«, fühlt sich ein wenig sicher und wohl und weiß: Hier beginnt Österreich.

Zum anderen ist es eine Station der Sehnsucht für jene, die irgendwo geboren wurden, die Türken, Jugoslawen, die Mazedonier, Bosnier, Kroaten, die Dunkelhaarigen aus Mostar, aus Anatolien, aus Istanbul oder Tekirdag am Marmarameer mit dem natürlichen Wunsch nach der fernen Heimat, ihren Bergen, dem Meer, dem Süden, der karstigen Landschaft, in der die schwarz gekleideten Frauen stehen, eben all jenem, was sie einstmals voll Hoffnung verlassen haben.

In Grüppchen stehen sie im Kreis und vergessen, wo sie sind. Ihre Gespräche und Witze sind die einsamer Männer. Sie sind hierher nach Österreich gekommen, um das Glück zu machen, und sie erfahren bald, daß Glück eine Folge von Verzicht, Einsamkeit, von Geduld, Dienern und Durchhalten ist.

Die Station ihrer unausgesprochenen Sehnsüchte ist der Bahnhof. Hier beginnt die Reise nach irgendwo oder zurück in die Heimat.

Manche Hoffnung ertrinkt für sie am Stehbuffet. Den Verlorenen bleiben zumindest die Träume. Irgendeinmal werden sie wieder daheim sein, dann ist das Zuhause des Bahnhofs vergessen. Sie kommen in der südlichen Heimat an, umarmen mit Tränen in den Augen eine schwarz gekleidete Frau und sind dort, wo ihr Traum vom Glück begonnen hat.

Ich stehe in der Reihe der Wartenden vor dem Schalter und löse ein Billet nach irgendwo.

Für mich hat dieser Bahnhof seine Bedeutung verloren, er ist einer von vielen. Längst habe ich meine Träume erfüllt oder vergraben. Einzig der Ort und die Ähnlichkeit zwischen den Bahnhöfen besitzt noch mein Interesse. Ich fühle mich wohl in der Atmosphäre der Sehnsucht und Traurigkeit. Ob es der Bahnhof Zoo in Berlin, der Jugendstilbahnhof von Valencia, die Flughafenatmosphäre des Hannoveraner Bahnhofs oder der Hauptbahnhof von Graz ist, von dem ich vor Jahren aufgebrochen bin, bleibt gleich.

Die Menschen auf den Bahnhöfen sind sich seltsam ähnlich. Wünsche werden hier zum Charakter des Ortes; fortfahren, ankommen, durchfahren.

Ich gehe durch die Stehenden, Wartenden, Eilenden, durch die Halle mit den Reklamen, vorüber an den Auslagen der Geschäfte, zur Treppe, die auf den Bahnsteig führt. Aus den Lautsprechern ertönt eine Ansage, unverständlich wie überall. Ein Zug fährt ein, die Hektik nimmt zu, Umarmungen, Abschied und Wiedersehen, ich dränge mich durch die Menschen in einen Waggon, suche ein Abteil, Raucher, öffne die Schiebetür und trete ein.

Zugabteile sind stundenweise gemietete Zimmer. Die Mieter erfüllen den Raum mit den Accessoires ihres Lebens. Das Kofferradio, die Slivovitzflasche auf der Fensterablage, der Zigarettenqualm der Beograd-Filter, die Zeitungen, im Gepäckfach die mit Schnüren gesicherten Koffer und Taschen, alles gibt ein Bild der Herkunft des Reisenden.

Der Nachbar greift zur Flasche, macht einen Schluck und reicht sie zu mir herüber.

Volisli jeda Slivovicu popici zojedo?

Wollen Sie einen Schluck Slivovitz?

Ich setze die Flasche an und trinke.

Wohin fahren Sie?

Deutschland, Arbeit, antwortet der andere.

Deutschland und Arbeit, diese zwei Worte kennt jeder, der zum ersten Mal aus dem Süden über Salzburg, in die Bundesrepublik fährt. Diese Begriffe drücken alles aus, was die Menschen berührt.

Wenn der Zug über die Grenze gefahren ist, wird die südliche Heimat hinter ihnen liegen. Die Zukunft beginnt nach dem Zoll. Österreich, als letzte Station der Salzburger Bahnhof, für sie ein Niemandsland, neutral, freundlich, südlich, ein Vorzimmer zum Himmel der Arbeit und Hoffnungen.

Wenn die deutschen Zöllner kommen, beginnt die Zukunft mit all den Schwierigkeiten, von denen sie noch nichts ahnen; Paßkontrolle, Verzollung anmeldungspflichtiger Waren, Formulare, Sprachprobleme, Arbeitsgenehmigung, Aufenthaltserlaubnis, Bürokratie, Arbeit. Sie sind nichts mehr, sie sind dann irgendwelche unter vielen, Arbeitskräfte, Nummern, Menschen, die auszogen, um das Glück zu machen.

Ich greife in die Rocktasche, hole zwei Mozartkugeln hervor und reiche sie dem Nachbarn. Kommen Sie, nehmen Sie.

Ich löse das Goldpapier und denke an Mozart, an Musik, an das andere Salzburg, an die Kulturstadt, an Festspiele, an Hofmannsthal und Bernhard, an Strehler und Karajan, an das Spielcasino, das Café Bazar, Tomaselli, wo die Glücklichen sitzen, ich denke an alles, was die Jugoslawen, die Türken, die Bosnier, die Serben und Anatolier nie erfahren werden.

Der Salzburger Bahnhof ist für sie ein Halt vor der Grenze nach Deutschland, jenseits von Kultur und Kunst, ein letzter Halt, bevor die Zukunft beginnt.

Irgendwann werden sie zurückkehren von irgendwo, der Bahnhof wird vergessen sein, eine Kolonne führt sie nach Hause, und im Kofferraum liegen Geschenke und einige erfüllte Träume. Andere, vielleicht die Söhne, werden gerade aufbrechen, um vom Salzburger Bahnhof aus die Reise nach irgendwo zu beginnen.

Die Mischung aus verlorenem Prunk, ein Relikt aus dem alten Österreich, und die moderne Verkommenheit ist das, was diesen Grenzbahnhof bestimmt.

Seine Bedeutung ist zeitweilig.

Goese vi vozite?

Wohin fahren Sie?

FRANZOBEL

(∗ 1967)

Mozarts Vision

MOZART: Überall in Salzburg sehe ich Väter, die Grüß Gott sagen, mit einer dickgewordenen, schweigenden Ehemama und einem rebellischen John Lennon Sohn. In 20 Jahren aber schaut der Sohn so aus wie der Vater jetzt, hat er selber eine dicke, schweigende Ehemama und einen rebellischen John Lennon Sohn und sagt Grüß Gott. Verstehst du das? Ich will nicht so werden, wie alle sind, und ich will auch nicht Grüß Gott sagen und einen John Lennon Sohn, der mir dann die Welt erklärt, schon gar nicht. Dieses Leben interessiert mich nicht. Ich bin etwas Besser –, etwas Besonderes. Aus mir muß etwas raus. Ich trage das ganze Musikuniversum mit mir herum. Da ist kein Platz fürs Familiäre.

WALTER ERDELITSCH

(∗ 1953)

Bubenjahre in Salzburg

Nach Salzburg bin ich unfreiwillig gekommen. Ich war
acht Jahre alt, als unsere Familie dem Vater nachfolgte,
der als Offizier des neuen österreichischen Bundes-
heeres nach Salzburg versetzt worden war. Die Mutter,
mein kleiner Bruder und ich verließen unser freund-
liches Dorf an der südsteirischen Weinstraße und
bezogen Quartier in der Schwarzenberg-Kaserne, der
größten Kaserne der Republik. Dort war uns Kindern
fast alles verboten. »Wenn wir groß sind, gehen wir
wieder in die Steiermark«, bestärkten mein Bruder
und ich einander damals häufig.

Der amerikanische General Geoffrey Keyes hatte
nach dem Zweiten Weltkrieg die US-Truppen in Österreich befehligt. Unter seiner Ägide waren in Lehen
Wohnhäusern für US-Soldaten und deren Familien
errichtet worden. Nach dem Abzug der Alliierten aus
Österreich wurden daraus Dienstwohnungen für Bundes-
heerangehörige. Einige Monate nach unserer Ankunft
in Salzburg zogen wir in die General-Keyes-Straße.

Drei Zimmer im ersten Stock, viel verwildertes
Grün und ein halbwegs brauchbarer Bach vor den
Fenstern: langsam begann sich das Dorfkind in mir
wieder wohl zu fühlen. Ich schätzte die Freiheit vor
der Haustür. Das Gebiet zwischen dem Lehener Fuß-
ballstadion, der Scherzhauserfeld-Siedlung und dem
Glanbach war eine fast unberührte Aulandschaft.

Eine Bunkerruine aus dem Krieg, tief im Dickicht, wurde zu meiner Abenteuerwelt. Hochragende Stahl- und Betonfragmente verlockten zu halsbrecherischen Klettereien, wie man sie als Kind nur in Abwesenheit von Erwachsenen wagen kann. Irgendwann wurde dann aufgeräumt und Sozialwohnblocks wurden gebaut. Genau dort, wo damals mein Bunker war, ist heute ein gepflegter Kinderspielplatz.

Mit 10 Jahren kam ich ans Gymnasium, in die große Erziehungsanstalt an der Lehener Brücke. Der neue Klassenvorstand war schon ein älterer Herr, ein Professor für Leibesübungen und Erdkunde. Er teilte uns in Turnerriegen ein. Stärker als sein Unterricht prägte sich mir sein Bestrafungsritual ein. Jeder kam irgendwann dran, musste vor den Katheder treten, wurde am Haarschopf gepackt, festgehalten, den Kopf schief, die Wange dargeboten zum Geschlagenwerden im Rhythmus seiner Silben: »Du sollst dir ab-ge-wöh-nen, mit dei-nem Bank-nach-barn zu schwät-zen. Au-ßer-dem sollst du dei-ne Haus-auf-ga-be ma-chen«. Seine Schläge waren hart genug, uns die Tränen in die Augen zu treiben. Doch keiner beschwerte sich offiziell, hätte er doch als Memme gegolten. Anfang der sechziger Jahre war an unserer Schule der Machtkampf zwischen jenen Lehrern, die an Hitler geglaubt hatten, und solchen, die an Gott glaubten, noch nicht eindeutig entschieden.

Das Klima änderte sich, als ein »musischer Schulversuch« an uns ausprobiert wurde: mehr Turnen, mehr Zeichnen, mehr Musik und mehr Literatur. Eines Tages forderte mich der Musiklehrer auf, im Chor mitzusingen. Ein völlig neues Salzburg begann sich mir zu erschließen. Drei Jahre Chorproben, Radioaufnahmen, eine Kinderoper, Messen – erst Sopran und dann Bass – bis die Sache unter lauten Begleittönen pubertärer Renitenz ein einvernehmliches Ende fand. In diesen drei Jahren lernte ich die Kirchen und das Musikleben Salzburgs kennen, hörte von Fürsterzbischöfen und ihren italienischen Barockbaumeistern. Die Plätze der Altstadt, besonders die Brunnen, hatten mich schon als Kind angezogen. Nun begann ich zu begreifen, was so viele Touristen in meine Stadt zog.

Und dann wurde mir Salzburg zu eng. Der Geist von 1968 erhob sich jenseits der nahen Grenze zu Deutschland. Die meisten meiner Freunde mutierten sichtbar zu Fans der Rolling Stones oder der Beatles. Einzig mein Vater blieb hart und schickte mich den schmachvollen Weg zum Friseur. Beharrlich suchte ich einen Ausweg: mit 16 gewann ich ein Stipendium für eine internationale Schule in Großbritannien und ließ mir das Haar bis zur Schulter wachsen.

Nach Salzburg komme ich seither nur noch zu Besuch. Was aus meinen musischen Mitschülern geworden ist? Michi ist Tenor an der Staatsoper. Peter schreibt Bücher. Christoph wirkt als sympathischer Arzt in deutschen Fernsehserien. Karl schreibt sich ins kulturelle Bewusstsein der Republik ein. Fritz hält den Salzburgern den Spiegel vor. Georg, der feinsinnige Schauspieler, ist in den Bergen zu Tode gestürzt. Hermann malt Bilder. Und Hannes, der Gescheiteste von allen, hat es sich im Inneren seines Kopfes eingerichtet.

Acht Jahre Salzburg haben keinen Salzburger aus mir gemacht, doch *mein* Salzburg trage ich immer in mir. Auf dem Weg durch die schmalen Gassen der

Wiener Josefstadt strahlt mir oft der barocke Platz vor der Piaristenkirche in seiner italienischen Heiterkeit entgegen. Hier hole ich meinen Sohn von der Schule ab und mir scheint, als wären seine und meine Bubenjahre durch die Schönheit und das Lebensgefühl solcher Plätze heimlich miteinander verbunden.

KARL-MARKUS GAUSS

(∗ 1954)

Mit mir, ohne mich

Ach, Salzburg, vielleicht bin ich überhaupt nur geblieben, weil ich mich immer verteidigen mußte, es zu tun. Kaum daß einer der Schulkollegen, später der Studienfreunde einmal nach Wien, Berlin oder sonstwohin gezogen war, schon fragte er beim nächsten Wiedersehen, wie ich es nur aushalten könne in einer solchen Stadt, in der auch er so lange gelebt hatte.

Vielleicht bin ich in Salzburg geblieben, weil es in meiner Generation für verächtlich galt, in Salzburg zu bleiben. Und doch, wie viele noble Leute habe ich hier getroffen! Natürlich hätte ich sie auch anderswo gefunden, großzügige Menschen, empfindsame, witzige, weltoffene, kauzige, hilfsbereite, rebellische, warmherzige Menschen gibt es überall. Ich aber habe sie hier getroffen. Bravo also Euch, Ihr Salzburger Freunde!

DAVID GROSS

(∗ 1978)

Vom Sandler zum Mythos
Kommt eine Gedenkstätte für den »Professor«?

Sieben Jahre nach seiner Ermordung ist Eduard Friedrich Wawrik, genannt der »Professor«, alles andere als vergessen. Journalisten und Schriftsteller recherchieren sein Leben und fördern Details zu Tage. Seine Herkunft und die Folgen seines Todes sind Thema im Buch, Film und Radio. Der Kampf um sein Andenken am Mönchsberg geht in eine neue Runde.

»Unglücksplatz« nennen Mönchbergbewohner die Stelle, wo früher einmal die Lieblingsbank vom »Professor« gestanden hat. Hier wurde er am 26. Mai 1996, an seinem 58. Geburtstag, erschlagen, von verwahrlosten Jugendlichen, die geglaubt haben, dass der »Professor« in seinen Plastiksackerln Geld spazieren trägt. Für die Mörder war ein »Sandler« in der sozialen Hierarchie noch weiter unten angesiedelt als sie selbst. Bald nach der Bluttat haben Mönchsbergnachbarn neben der Bank eine Gedenkstätte errichtet mit Holzkreuz, Blumen und Foto. Die Bank wurde jedoch von Unbekannten mit Hakenkreuzen beschmiert und die Gedächtnisstätte zerstört. So ging es jahrelang hin und her, bis Unbekannte eine Katze massakrierten und sie bei der Bank zurückließen. Das war den »Mönchsbergern« zu viel und sie überließen die »Professor« Bank ihrem Schicksal. Ein paar Jahre

77

nach der Bluttat ist sie von einem umstürzenden Baum zerschmettert worden.

Wer sich heute auf der neuen Bank niederlässt, begegnet Spaziergängern, die erzählen, wie gut sie den »Professor« gekannt haben. Man sei auf seiner Bank lange mit ihm zusammen gesessen und habe über Musik und über den Sinn des Lebens philosopiert, »in mehreren Sprachen versteht sich«, wie eine Stadt-Salzburgerin erzählt. Ein anderer will sogar Gast bei religiösen Ritualen des »Professors« gewesen sein und erlebt haben, wie der »Professors« archaische Naturreligion mit christlichem Glauben verband. Wie kommt es, dass man sich in Salzburg damit brüstet, mit einem Obdachlosen geplaudert zu haben?

Einerseits haben ihn viele Menschen als fixen Teil der Stadt erlebt, ohne sich dessen unbedingt bewusst zu sein. Erst als er weg war, spürte man: Da fehlt einer, der vertraut und unnahbar zugleich war. Andererseits weckte der »Professor« in vielen »Alltagsgefangenen« die Sehnsucht nach einer alternativen Lebensform. Wer heute erzählt, er habe zu jenen Auserwählten gehört, die mit ihm philosophiert haben, der will teil-gehabt haben an jenem bizzaren Aussteigerleben in der wilden, freien Natur. Der will sich die Hoffnung bewahren, selbst irgendwann so einer zu werden und sich von der Gesellschaft zu verabschieden. Kein Wunder, dass der Professor zu einem Mythos geworden ist und seine Lebensgeschichte ein Gegenentwurf zum modernen Stadtleben.

Jene Mönchsbergbewohner, die ihn wirklich ein bisschen gekannt haben, zeichnen ein anderes Bild vom »Professor«. Lisa Block, Mönchsbergbewohnerin, erzählt, dass »er sich total in seine innere Welt zurückgezogen hat, dass er ungesellig und menschenscheu war«. »Kinder hat er angeknurrt, wenn sie sich seiner Bank genähert haben. Sprechend hat er sich nur an ein imaginares Publikum gewandt und Reden vor dem Völkerbund gehalten«, erinnert sich der Schriftsteller Karl-Markus Gauß.

Den Genossen Stalin habe er gerügt, weil er die finnische Frage nicht verstanden habe. »Am liebsten hat er gesungen, am Friedhof St. Peter, bis ihm die Stimme ausgegangen ist«, sagt Ernst Weber, Radiojournalist, der in Sachen Professor recherchiert. Der »Professor« führte das Leben eines Eremiten in den Höhlen des Mönchsbergs. Im Unterschied zum stereotypen Bild des Obdachlosen hat er weder getrunken noch gebettelt und auch keine Sozialhilfe empfangen. Er hat die Natur geliebt und mit den Tieren und Bäumen gesprochen. Die Liebe zur Oper verweist auf das Leben des »Professors« vor der Obdachlosigkeit. Er dürfte wirklich Musikprofessor gewesen sein und zwar nicht, wie oft vermutet in Graz oder Salzburg, sondern in Wien. Seine bürgerliche Existenz hat er aus freien Stücken aufgegeben. Von Ernst Webers Radiofeature darf man sich ausführliche Aufschlüsse über die herkunft des »Professors« erwarten.

In einem seiner Bücher hat sich auch Karl-Markus Gauß mit dem Professor beschäftigt und den Kampf um die Gedenkstätte analysiert: »Er steht symbolisch dafür, wie man in Salzburg mit Opfern von sozial motivierter Gewalt umgeht.« Im Interview führt Gauß aus, dass es einen Riss in der Salzburger Gesellschaft gibt: »Die einen wollen, dass an den ›Professor‹ und sein Schicksal erinnert wird, die anderen wollen so ein Gedenken für einen Obdachlosen nicht zulassen.«

Laut Gauß ist die Zerstörung der Gedenkstätte auch ein Angriff auf eine friedliche, tolerante Lebensform. Wie der »Professor« wirklich gewesen ist, darüber gibt es am Mönchsberg verschiedene Ansichten. Im Fall der Gedenkstätte sind alle einer Meinung und fordern einen offiziellen Gedenkstein. Lisa Block: »Seit er tot ist, lastet ein Schatten auf dem Berg. Viele Menschen wünschen sich eine offizielle Gedenkstätte.«

THOMAS NEUHOLD

(* 1965)

Salzburg hinter der Lodenmantel-Fassade. Ein Portrait

»Fritz«: Postler, Wirt, Schauspieler

Als »Seele Salzburgs« will er sich nicht bezeichnen lassen. »Das ist übertrieben.« Ob »Seele« oder »Herz« – Fritz Kohles ist im Touristenmekka Salzburg jedenfalls eine Ausnahmeerscheinung. Ihn verbindet mit der Stadt Thomas Bernhards, das was man umgangssprachlich »Hassliebe« nennt. Oft genug hat er in satirischen Artikeln gegen die Hochnäsigkeit der Festspielstädter polemisiert. »Nach drei Tagen hab' ich aber Heimweh.«

»Der Fritz«, wie er genannt wird, ist leidenschaftlicher Salzburger und so etwas wie ein Salzburger »Original«. Allerdings ohne die inhaltlichen Beifügungen, die man »Originalen« sonst so gerne zuschreibt. Außenseiter ist der bald 46-Jährige, am Jahrestag der Französischen Revolution Geborene, bestimmt keiner

Der, der aussieht wie ein Wiener Fiaker und reden kann wie weiland Qualtinger, kennt fast alle Facetten des Lebens in der Festspielstadt. Zu seinem Bekanntenkreis gehören Arbeiter, Künstler und Intellektuelle ebenso wie sozial Gestrauchelte. Nur auf gespreizten Vernissagen hat er sich nie wohlgefühlt.

Der sozialdemokratische Postbeamte wurde 1984, damals gerade 30 Jahre jung, in die Funktion des »Obmanns des Vertrauensmännerausschusses« im Postamt Salzburg Hauptbahnhof gewählt. Rund 1300 Kollegen und Kolleginnen hat er auf »5020« vier Jahre lang vertreten. Stolz ist er, dass er einst bei der Personalvertretungswahl die Freiheitlichen »vernichtet« hat. »Von dem Schock haben sie sich nie mehr erholt. Sie haben nie mehr kandidiert«, erzählt der »Fritz«.

Das Erfolgsgeheimnis: Die Kollegen kamen nicht ins Betriebsratsbüro sondern in seine Stammgasthäuser – »zum ›Wilden Mann‹, zum ›Hirschen‹, in die ›Steirische‹«. »So etwas lernst nicht bei der ÖMV«, sagt er verschmitzt.

Nach der Politik reichten ihm die fremden Wirtshäuser. Unmittelbar neben dem Sitz der Landesregierung machte er ein Kultur-Beisl auf. Das Experiment

ging schief. Fritz ließ seinen Gästen und seinen Ange-
stellten einfach zu viel Freiraum. Heute ist er wieder
Wirt. In der kleinen »Klause« am Ursulinenplatz achtet
jetzt seine Geschäftspartnerin genau, dass nicht allzu
viele Biere gratis über die Schank wandern.

»Winner-Lieder«

»Fritz der Postler« ist auch Musiker. In den Sieb-
zigern war sein »Grenzland-Sextett« – er mit Gitarre,
Tuba und Bass – sogar in der alpenländischen Hitparade
ganz oben. Danach gab es eine Platte mit Wiener-Lie-
dern. Und weil die so schräg waren, taufte man das
Produkt »Winner-Lieder«. Singen tut der Mann mit
der ruhigen Bassstimme und dem rauchigen Timbre
– »das ist französisch und heißt Stempel, womit wir
wieder bei der Post wären« – für sein Leben gern. Bei
zwei Produktionen stand er sogar im Landestheater
auf der Bühne …

Nur wenn er dann hinter seiner Schank steht, erzählt und erzählt, merkt er oftmals selbst, dass sein
bewegtes Leben und zwei schwere, nur knapp über-
standene Krankheiten spuren hinterlassen haben.
»Müde« sei er schon manchmal, meint er, zapft sich
eine Halbe und dreht eine Runde im Lokal. Es gibt ja
sicher jemanden, der seinen Rat oder auch nur einen
kurzen Plausch mit »dem Fritz« sucht.

CHRISTIAN IDE HINTZE

(∗ 1953)

Die Bedrohung Salzburgs aus
Richtung Kindheit

(Im Heimatkundeunterricht wurden, nach alter, zivili-
sierter Art, die kriegerischen, wirtschaftlichen, demo-
kratischen Ereignisse mit einem Maß an Wirklichkeit
ausstaffiert, daß jener historisch geografische Magne-
tismus, der die Heimat in ihrer seelischen Dimension
reguliert, gleichsam als etwas Unwirkliches erscheinen
mußte).

Mitte, Ende der 50er-Jahre war Taxham beherrscht
von einer Aura, die vonmiraus genügend pionier-
haften Geist, und damit genügend metaphorische
Bedeutung, gehabt hätte, um daraus eine utopische
Heimat zu schaffen, wenn nicht ihre wahren Zeugen
und Mitverursacher, damals lauter Kinder, in der
Zwischenzeit ihre Beseeligung und ihren Glauben
daran ersticken hätten müssen.

Die amerikanischen Soldaten, in der nur wenige
Meter entfernten, hinter der Autobahn, im Westen vor
der deutschen Grenze gelegenen Kaserne Siezenheim
stationiert, zogen endgültig ab von ihrer österreichischen
Besatzungszentrale. Die ungarischen Zivilisten, auf
ihrer Flucht nach dem 56er-Aufstand nach Salzburg
gekommen, wurden behelfsmäßig einquartiert in
Holzbaracken.

Das Land, vordem kleinbäuerlich bewirtschaftet
oder einfach nur verödet, wurde neu abgesteckt, vermes-

83

sen, bebaggert. Die Bautrupps, noch ohne ausländische Hilfsarbeiter, alles dreckarbeitselige Österreicher, huben Gruben aus, stellten mobile Unterkünfte in die Landschaft, schafften Baumaterial heran.

Die Bautätigkeit, Ausdruck einer wilden Lust auf Neubeginn, war so ausgerichtet auf das Herstellen von Verkehrswegen und Behausung, daß die Gebäude der öffentlichen Ordnung wie Kirche, Schule, Polizeilokal in der ersten Planung gar nicht vorkamen.

Auch die Eigenbewegungen der Erde und der Gesteinsdruck der umliegenden Berge, Untersberg, Lattengebirge, Hoher Staufen, waren irgendwie gestimmt; aber darüber wage ich mich nicht zu äußern, auch nicht auf die sicherste märchenhafte Weise.

Taxham, das im Krieg nichts verloren hatte, nicht erschüttert, nicht zerstört worden war, weil noch niemand angefangen hatte, es zu gründen, war die lokale Entsprechung für jene Generation, die nun kam, um, nicht alles anders, aber alles neu zu machen. Obwohl etliche Jahre vor dem Krieg geboren, war sie keine Generation des Wiederaufbaus. Und obwohl genügend trainiert in faschistischer Lebensart, war sie, im Unterschied zu den meisten ihres Jahrgangs, keine Generation der Fortsetzung im Geheimen.

Sie war eine Generation des Aufbaus und der Gründung. Keine Zeit für Trümmer, Keine Lust auf Tradition. Der Vater Bauingenieur. Die Mutter Heilgymnastin. Sie zogen in den ersten fertiggestellten Wohnblock.

Die ersten Siedler, alle auf eine besondere Weise Neulinge, hatten nichts, was sie mitbringen konnten, nur ihren Willen, etwas daraus zu machen. Sie waren alle ungefähr gleich alt. Jungakademiker, kleine Angestellte, pendelnde Fabriksarbeiter: werdende Mütter und werdende Väter mit der fixen Idee, eine Kleinfamilie zu gründen.

So waren dann auch wir Kinder alle ungefähr gleich alt. Das ergab zwei Generationen, die mehr in sich ab- als einander aufgeschlossen waren. Die eine hatte die andere in die Welt gesetzt, ohne zu bemerken, daß sie damit die Welt verändert hatte.

Es gab keine vermittelnden Zwischenmenschen in Taxham. Auch keine Alten, die uns eine Vorzeit erstehn ließen. Ab und zu übriggebliebene Kleinbäuerinnen, die mit ihren Karren durch das Gelände zogen und frisches Obst und Gemüse feilboten. Ab und zu Wandermissionare, die für ein paar Tage aufgenommen und dann wieder abgeschoben wurden. Ab und zu Landstreicher, mit denen uns Angst gemacht wurde.

Utopische Heimat.

Wäre ich nicht in Taxham in die Welt gekommen, hätte ich von kindauf seelische Beschädigungen erlitten, die nicht mehr gutzumachen wären.

Ein paradiesischer Reiz, ein Wirklichwerden.

Der Widerstand begann, als wir in die 20 Minuten entfernte Volksschule Maxglan genommen wurden, wo uns im Heimatkundeunterricht vom Vertrauten aus das Fremde vertraut gemacht werden sollte. Zuerst zeichneten wir den Grundriß des Klassenzimmers. Dann den der angrenzenden Klassenzimmer. Dann den des Schulgebäudes. Dann den der benachbarten Papierhandlung. Dann den des nächstgelegenen Straßenübergangs. Dann den der gegenüberliegenden Kirche und ihres Friedhofs.

Dann, statt den Grundriß unserer Wohnblocks zu zeichnen, zeichneten wir den Grundriß des Festspielhauses, des Doms, der Festung.

Das war der Widerstand.

Vom Fremden aus wurde das Vertraute fremd gemacht. Der Widerstand war das Festspielhaus, der Dom, die Festung. Er wird gebrochen werden, abrupt.

Aus Richtung Taxham.

(Geschrieben Mitte Juni 1981 in Warschau, Bezirk Wola, der einige Ähnlichkeiten mit Taxham hat.)

GEOFFREY CANNON & HANS PREINER

(∗ 1939 / ∗ 1941)

Die Stones in Salzburg

Signation
Auf dem Bildschirm sind Dias zu sehen, jedes ist ca. 5 Sekunden lang. 10 Dias erscheinen am Bildschirm. Außer dem achten sind es Bilder von Würdenträgern aus der barocken Ära in Salzburg und von der barocken Architektur. Der Erzbischof, sein Sommerpalast, die Residenz usw. Zu jedem Dia kommentiert eine Stimme. Es ist ein Programm über die Kulturschätze in Salzburg – ein Kulturprogramm. Das Publikum zu Hause macht es sich bequem, um beruhigt und gelangweilt zu sein. Es entsteht bereits die Gefahr, daß einige Leute abdrehen.

Aber das achte Bild präsentiert Mick Jagger: Eine Großaufnahme von seinem Kopf. Starkes Augen-

Make-up. Er starrt in das Publikum. Mit stereotyper Stimme erwähnt der Kommentator seinen Namen. »Mick Jagger, Chef und Sänger der ›Rolling Stones‹. Schauspieler, Zauberer, Märchenerzähler, Ringmaster.«

Es ist sehr wichtig, daß es bis jetzt noch keinen Hinweis gab, daß dieses Programm etwas mit den »Rolling Stones« zu tun hat. Die Einblendung »Mick Jagger« soll schockierend sein. Der Zuseher erwartet sich ein Programm über Salzburg. Und diese Sendung wird auch ein Programm über Salzburg sein …

Nach 5 Sekunden beginnt das Bild Mick Jaggers sich zu bewegen. Jagger grinst aus den Fernsehschirmen und sagt (in englischer Sprache): »Bullshit«.

Das neunte Dia erscheint, der Kommentar läuft weiter, als ob nichts geschehen wäre. Plötzlich ist eine aufgeregte Stimme in der Tonleitung zu hören. Es ist die Stimme eines Zusehers der »Rock 'n' Roll« nicht ausstehen kann. Es scheint, als ob plötzlich die unsichtbaren Gedanken jener Zuseher in die laufende Sendung eindringen würden, die ihre Meinung unbedingt respektiert wissen wollen. Deshalb sagt die Stimme im Hintergrund ganz böse: »Und die glauben, das soll ein Programm über Salzburg sein!?«

Aus der Stimme wird im Hintergrund ein Stimmengewirr und der Kommentator hat Mühe, sich verständlich zu machen. Endlich wird das Dia ausgeblendet.

Titelsignation
Die Typographie sollte kunstvoll und echt deutsch sein. Ungefähr von der Art, wie sie bei Exklusivprogrammen mit Bach-Musik üblich ist.
THE STONES (DIE STEINE)

Cut auf die Szenerie Salzburgs zur Zeit der Festspiele. Sorgfältig gestalteter, langsamer Bildrhythmus.

THE STONES SPEAK (UND DIE STEINE WERDEN REDEN)

Die selben Szenen, aber raschere Bildfolge. Nicht hektisch, aber doch so, daß augenscheinliches Leben in die exklusive Atmosphäre kommt.

THE ROLLING STONES SPEAK (DIE ROLLING STONES SPRECHEN)

Cut auf Jagger wie zu Beginn mit Stehkader. Jagger beginnt sich zu bewegen, spricht und singt den Beginn »SYMPATHY FOR THE DEVIL«: »Please allow me to introduce myself« (Gestatten Sie, daß ich mich vorstelle).

SIE SEHEN EIN PROGRAMM ÜBER SALZBURG und Jagger singt weiter. Plötzlich ist wieder das Stimmengewirr aus dem Hintergrund zu hören. Die Stimmen sagen böse: »Also doch kein Programm über Salzburg!«

THE SOUND OF MUSIC

Jagger singt weiter. Die Kamera fährt zurück und die ganze Band wird auf der Open Air Bühne der »Felsenreitschule« sichtbar. Der Schauplatz wird dem Publikum erst dann klar, wenn die Kameras in einer umfassenden Totale anhalten und einige große Chöre (möglicherweise ca. 100 Menschen) ins Bild kommen.

Es folgt nun SYMPATHIE FOR THE DEVIL, arrangiert für ein Symphonieorchester. Wie das geschieht, ist Sache der Rolling Stones und des Regisseurs. Das Lied darf auf keinen Fall so arrangiert sein, daß es wie klassische Musik klingt. Die Argumentation des

Titels müßte durch mehrere Chöre erfolgen (mit Baß, Bariton, Tenor, Contralto, Sopran) und falls die Rolling Stones dies wollen, mit entsprechenden Instrumenten. Aber es sollte eine Rock 'n' Roll-Instrumentierung sein. Ginger Baker's Ensemble wäre hier sehr wichtig: Es sollte mit den Stones auf der Bühne versammelt sein wie beim Konzert im Hyde Park.

Und nun ein paar Vorschläge für die bildmäßige Ausführung der »Opernpassage«. Wenn die Chöre zu »Jesus Christ had bis moment of doubt and pain« kommen, Schnitt auf Sänger in Oberammergauer Kostümen. Bei »Killed the Tsar and his ministers« sollten Sänger in Generalsuniformen und Lakaien-gewändern einer Mozartoper ins Bild kommen. Bei »Rode a tank, hold a general's rank, while the Blitz-krieg raged and the bodies stank« müßte ein Chor mit Infanterie-Schützen vorstürmen. Bei »Who killed the Kennedys? When after all, it was you and me« sieht man einen Chor mit CIA-Agenten, Polizisten, Mana-gern etc. Bei »All the sinners, saints. Just call me Luzifer« tritt ein Chor mit Teufelsmasken und Heili-genschein über den Köpfen vor.

Der Gesamtstil der Produktion muß sehr sorgfältig ausgearbeitet werden. Das Programm soll nicht ernst sein, sondern eher kunstvoll und grandios. Es soll die Wirkung einer großartigen Oper haben. Das Make up der Chöre muß sehr expressiv sein, wie bei einer Brecht-Inszenierung oder einem Noh-Spiel: Viel Farbe auf den Gesichtern, so daß die Menschen wie Kari-katuren oder Puppen aussehen. Alles muß für das Publikum eher komisch sein. Das erste Lied wird ca. 10 Minuten dauern, also wesentlich länger als auf der Schallplatte.

Mick Jagger trägt in dieser Szene natürlich gewöhnliches Make up. Er sollte wie ein Ringmaster gekleidet sein (schwarzer Hut, Gürtel als Peitsche), eine Rolle, die er bei Konzerten immer spielt.

Das Lied ist vorbei, die Kameras schwenken ins Publikum, riesiger Applaus eines typischen Salzburger Opernpublikums brandet auf. Es müssen unbedingt Opernbesucher sein und keine jugendlichen Pop-Fans. Falls man dieses Publikum nicht zusammenbringen kann, müßten Aufnahmen von Salzburger Aufführungen eingeschnitten werden. Der Applaus sollte mindestens 40 Sekunden dauern. Der Eindruck der Gesamtinszenierung von »SYMPATHY FOR THE DEVIL« muß sehr stark sein. Der Bildrhythmus soll so schnell sein, daß das Publikum mit angespannter Aufmerksamkeit dem Ablauf folgt. Zum Schluß winkt Jagger der begeisterten Menge zu, verbeugt sich und streut Blumen.

UND NUN, EINIGE WORTE VON UNSEREM SPONSOR!

Plötzlich ist der Bildschirm leer und eine aufgeregte Stimme im Tonfall eines TV-Werbesprechers sagt: »UND NUN, EINIGE WORTE VON UNSEREM SPONSOR! EINIGE WORTE VOM ERZBISCHOF VON SALZBURG!«

Musik im Folies-Bergeres-Stil rauscht auf. Wir befinden uns im Garten von Hellbrunn, beim Sommerpalast des Erzbischofs. Links tanzt ein Chor von Bischöfen. Der Chor teilt sich plötzlich und der Erzbischof schreitet auf die Spielfläche (er ist als der in den Dias vorgestellte Mann erkenntlich). Er darf auf keinen Fall irgendeine Ähnlichkeit mit dem derzeitigen Erzbischof haben, sondern er sieht aus wie einer der berühmten Fürst-Erzbischöfe aus der Salzburger Vergangenheit.

Er schreitet zur Kamera, in der Linken den Bischofsstab und in der Rechten einen Goldteller mit echt österreichischem Dessertkuchen. »Willkommen«, sagt er und hält den Teller zur Kamera. »Bedient Euch«, meint er und eine Hand nimmt einen Kuchen vom Teller. Man hört jemanden schlucken. »Noch ein Stück!« sagt der Erzbischof in einem sehr einladenden Tonfall. Die Hand greift nochmals zum Teller.

Jetzt Cut auf Jagger, der noch an dem Kuchen kaut und sich die Lippen leckt. Man hört die typische und knallige Musik eines Werbespots. Wieder Cut auf den Chor mit den tanzenden Bischöfen. Sie tanzen links ab. Der Erzbischof lächelt weise und setzt sich auf seinen Stuhl bei dem berühmten Steintisch von Hellbrunn. Plötzlich sprüht eine Wasserfontaine aus dem Hocker. Der Bischof springt auf und verstreut dabei alle Dessertkuchen.

UND JETZT KOMMT DER GROSSE ROCK 'N' ROLL-ZIRKUS IN DIE STADT

Hintergrund: Salzburger Dom. Vordergrund: Domplatz. Die prachtvolle Architektur kommt ins Bild. Am Domplatz haben sich Hunderte von jungen Pop-Fans versammelt. Alles applaudiert und jubelt. Eine mächtige Stimme ruft über den Platz »MEINE DAMEN UND HERREN! DIE ROLLING STONES!« Tosender Applaus. Ähnlich wie auf »GOT LIVE IF YOU WANT IT«.

Eine Kamera schwenkt und fährt auf die Rolling Stones zu, die auf einem Gerüst vor dem Dom stehen.

Sie sind in Harlequin-Kostümen und anderen archetypischen Clownskostümen gekleidet. Jagger ist wieder der Ringmaster. Rasche Schnitte auf das ganze Zirkusgefolge, das jetzt auf den Dornplatz kommt: Akrobaten, Stelzenmänner, Fahrradkünstler, Liliputaner und Clowns kommen und gehen. Feuerschlucker, Entfesselungskünstler und Damen mit Bärten: die traditionellen Zirkuskünstler. Rund 100 Menschen.

Es handelt sich wieder um eine sehr komplexe Szene, die nur mit den Rolling Stones und dem Regisseur in den Details festgelegt werden kann. Der Bildrhythmus muß rasch und aufregend sein. Die Tricks der Tänzer und Akrobaten müssen genau zum Rhythmus der Musik passen. Die Kostüme entsprechen dem Stil des 17. und 18. Jahrhunderts: jener Zeit, in der aus England der Zirkus nach Mitteleuropa kam. Während der Darbietung der Rolling Stones passieren auf dem Platz nur Zirkusdarbietungen. Kein Publikum!

Es sollten jetzt insbesondere rasche Rock-Titel aus dem Repertoire der Rolling Stones ausgewählt werden. z. B.: GET OFF MY CLOUD, CORAL, FORTUNE TELLER, NOT FADE AWAY, COME ON, 19th NERVOUS BREAKDOWN! Als letzter Titel sollte HAVE YOU SEEN YOUR MOTHER BABY (standing in the shadow) gespielt werden.

Bei diesem Titel schwenkt die Kamera über die Fassade des Domes und bleibt bei einer Statue der Gottesmutter Maria stehen. Das muß sehr geschickt gemacht sein, damit es nicht zu tiefsinnig über den Bildschirm kommt. Aus den Straßen rund um den Domplatz brandet wieder riesiger Applaus auf. Die Akrobaten verschwinden in die Nebengassen. Die

Ankünderstimme sagt wieder: DIE ROLLING STONES, DIE GRÖSSTE SHOW DER GANZEN WELT!«

UND JETZT BEGINNT DER GROSSE RAUSCH FÜR JEDERMANN!

Diese großartige Szene spielt im Augustinerkeller, dem größten Bierkeller Salzburgs. Es herrscht phantastische Stimmung. Was hier geschieht ist eine Kombination aus einem österreichisch-bajuwarisehen Rauschfest, einem Bankett der Bettler (BEGGARS BANQUET) und zahllosen Zwischenfällen unter den Gästen. Ein gargantuanisches Alkoholfest, bei dem alle Sinne ihren Höhepunkt erreichen. Juke-Boxen und andere Paraphernalia sollten mit langen Tischen voll Steinkrügen, Kellnerinnen, einem Bierbrunnen und anderem die Szenerie ausfüllen.

Die Musik hört sich vorerst so an, als ob sie nur aus den Juke-Boxen käme. Die Rolling Stones sieht man noch nicht. Irgend jemand druckt auf die Knöpfe der Boxen und neue Titel beginnen. Alle Musiktitel sind natürlich von den Rolling Stones.

Der Keller ist voll mit Zirkuskünstlern der vorhergehenden Szene. Cut zum Eingang in den Bierkeller auf der Straße: Es kommen noch Unmengen von Gästen, darunter wieder Akrobaten, Kunstradfahrer, Feuerschlucker etc., alles verschwindet in das Biergewölbe. Es soll eine Szene werden, wie sie dem Erzbischof gefallen hätte, als er noch Fürst war und sich der Gunst des Volkes gerne mit Bierfesten versicherte.

Das ganze Fest wird natürlich von den Rolling Stones angeführt. Die Zirkusleute beginnen mit ihren üblichen Scherzen, wenn sie unter sich sind: sie bedrohen sich und versuchen, sich mit besonderen

Kunststücken zu übertreffen. Bier wird verschüttet, riesige Aufschnittplatten werden verzehrt. Phantastische neue Aufschnitte kommen auf den Tisch.

Erster Titel: LITTLE QUEENIE

Die Kellnerinnen sind jetzt nicht mehr traditionell gekleidet. Es sind jetzt die schönsten Mannequins und die besten Möchtegern-Groupies, die sich in Österreich auftreiben lassen. Sie tragen die typische California-Hippie-Kleidung. Eines dieser Super-mädchen steht bei der Juke-Box und wirft die Nummern ein.

Zweiter Titel: HONKY TONK WOMAN

Im Mittelpunkt steht die allgewaltige Chefin des Bierkellers, eine phantastische Erscheinung, die sich aus einer Madame und einer Zirkusdame zusammen-setzt. Sie ist zweifellos die Anführerin in der nächsten Szene. Mittlerweile (wie Chuck das nennen würde) gibt es Szenen mit Essen, Lachen, Schreien, Liebes-getändel, plötzliche Verführungsszenen und Wadel-zwicken: der in TV-Wirklichkeit erhobene österrei-chische Biertraum, oder: Ein elektrifizierter Fasching für Fernsehen mit den Rolling Stones.

Dritter Titel: STRAY CAT BLUES

Gleich nach Beginn dieser Nummer wird Little Queenie provokativ. Auf dem Podium im Hintergrund entsteht Unruhe. Ein komischer Akrobat entfernt sich mit einer prallen Kellnerin, beide haben Bierkrüge in der Hand. Andere Mädchen rücken nach, Queenie wirft sich plötzlich auf Jagger. Die Kamera schießt nette Schnappsschüsse aber keine Unanständigkeiten – falls sie nicht beabsichtigt sind.

Um diese allmähliche Eskalation der Aktionen zu erreichen und die Musik trotzdem unter Kontrolle zu halten, wird sehr gut geplant werden müssen. Jedes Detail muß durchdacht sein. Die Musik mit der Bierhallen- und Juke-Box-Atmosphäre muß separat aufgenommen werden. Diese Probleme sollen die Rolling Stones und der, Regisseur selber lösen. Die Titel müssen nicht voll ausgespielt werden.

UND NUN ETWAS FÜR DIE PHANTASIE MIT SCHLECHTEM GESCHMACK
oder: Was angeblich nie geschehen ist.

Und jetzt zu den Unanständigkeiten, Die barocke Ära kannte natürlich noch keinen Wohlfahrtsstaat. Viele Leute wurden im barocken Überschwang liquidiert, wenn sie dem Potentaten nicht ins Konzept paßten: Demonstranten genau so wie Protestanten. Und es gab auch in diesen alten Zeiten einige Vorfälle, die angeblich nie passiert sein sollen – falls hier jemand Analogien zu Ereignissen aus der unmittelbaren Vergangenheit ziehen möchte. Es folgen daher einige gruselige Gänsehaut-Spielereien.

Wir sind wieder im Garten von Hellbrunn. Es gibt heute ein großes Gartenfest. Alle Statisten aus den vorhergehenden Szenen müssen da sein: Die Oberammergauer Chöre, die Infanterie-Soldaten, die Marschälle aus den Mozart-Opern, die CIA-Agenten, die Polizisten, Manager, Teufel und Heiligen, der Chor der Bischöfe, die Zirkustruppe, die Kellnerinnen, die kleinen Mädchen: ca. 300 Menschen.

Hier wird wohl ein Spitzenchoreograph eingesetzt werden müssen. David Drew von Covent Garden könnte dafür sehr geeignet sein und die Szene in einem Ballett auflösen.

Außer den Hauptdarstellern und den Chören soll auch ein Live-Publikum anwesend sein (jugendliche Musikfans): ca. 1000 Menschen. Eidophorgeräte übertragen die zentralen Darbietungen für das große Publikum; Menschen sehen die Aktionen auf den Bildschirmen und in Wirklichkeit. Das Publikum muß auf Kommando applaudieren, toben, kreischen etc. Der erste Titel ist: »GIMME SHELTER« mit Merry Clayton, Jim Price, Bobby Keyes und anderen Freunden, die die Rolling Stones einladen wollen. Die Chöre treten der Reihe nach in Aktion. Die Stones spielen mit ihrer vergrößerten Band. Die Chöre sind kreisförmig rund um sie gruppiert. Außen hüpft der Zirkus herum.

Die Aufnahmen wechseln zwischen einfachen Einstellungen mit den Stones und den Chören, dem Publikum und den Eidophorgeräten.

Gegen Ende der Titel gibt es einige komische Nebenschauplätze, die zuerst etwas nebulos sind – als sei das Konzert plötzlich durch irgendeinen Zwischenfalls unterbrochen worden. Es werden plötzlich einige Gruppen Menschen als Gefangene abgeführt. Auf den Eidophors sind plötzlich einige Szenen mit »peinlichen Befragungen« und Hexenverbrennungen zu sehen. Aber es bleibt unklar, was hier eigentlich wirklich geschieht.

Einige weitere Beispiele: Die Figur des Zaren in einem der Chöre wird plötzlich erschossen. Einer der Oberammergauer-Heiligen verbrennt. Über ihm erscheint eine Schrift: Protestant. Ein Infanteriesoldat wird an den Füßen aufgehängt. Ein Feuerschlucker wird vom eigenen Feuer verschluckt und verbrennt als Fackel. Ein seltsamer Jugendlicher mit einer Tafel »Demonstrant« findet ein tragisches Ende.

Alle diese und andere Bilder sollen nur ganz kurz eingeblendet werden: die Grausamkeiten sollen nicht ausgewalzt wirken. Man sieht allerdings auch die Reaktionen des Publikums: Entsetzen, Aufschreie, Ohnmachtsanfälle etc.

Die Situation der Rolling Stones bei den Zwischenfällen bleibt unklar. Sie sind weder Zuseher noch Teilnehmer. Mick beendet das Lied wie er es auf dem Live-Album mit der US-Tournee macht. Er schreit: »Oh give me shelter«.

Chor der Bischöfe. Sie stehen im Garten und applaudieren. Sie setzen sich. Wieder sprüht Wasser aus den steinernen Stühlen. Alle springen auf und laufen weg.

Mick ist wieder da. Gleiche Position wie bei der Vorstellung auf den Dias. Zufriedenes Lächeln. Er nimmt seinen Hut ab, verbeugt sich höflich, winkt zur Band hinüber. Die Band verbeugt sich ebenso, lächelt. Es ist ein Ende wie im Theater. Schlußinserts laufen über den Schirm.

GERHARD AMANSHAUSER

(∗ 1928)

Das Haus auf dem Festungsberg

Unter der Festung. – Wo das Gebäude steht, in dem ich aufwuchs, hätte man noch vor zwei Jahrhunderten weder Mauern noch Bäume geduldet. Da ging es hinauf zu einer Festung. Ihre Kanonen verlangten nach einem kahlen Abhang, den sie frei bestreichen konnten. Nannte man das ein Glacis?

Schaut man durch die Zweige der Bäume zur Festung hinauf, so könnte man meinen, man sei in die Vergangenheit zurückversetzt: Blätter, altes Mauerwerk, Himmel. Solche Ausblicke zeigen die Ansichtskarten, und die Besucher, die sie versenden, glauben, dies seien Bilder aus einer alten Zeit. In Wirklichkeit sind es moderne, romantisierende Perspektiven. Blickte man in der Vergangenheit zur Festung hinauf, so sah man dort oben etwas ganz anderes: nämlich eine wirksame Verteidigungsmaschine.

Weder damals noch heute hätte man auf diesem Abhang eine Villa errichten dürfen. Damals gab es ein strategisches Verbot, heute gibt es ein sentimentales, das Zinsen trägt. Man hat die tote Festung so lieb gewonnen, daß man den Bau weiterer Villen auf ihren Abhängen um keinen Preis zulassen will. Die Journalisten, die heute den kategorischen Imperativ verwalten, würden sich einmütig dagegen erheben.

Dabei wollte man vor hundert Jahren die Festung abreißen. Wäre das geschehen, so stünde dort oben vielleicht ein Luxushotel, umgeben von einem Park mit vielen Bänken, die kleine Tafeln trügen: *Städtischer Verschönerungsverein.* Jeder Bürgermeister, der sich auf der Höhe der Zeit fühlt, erschrickt bei dieser Vorstellung. So sensibel sind unsere Politiker inzwischen geworden.

Aber zwischen der alten Härte und der neuen Sensibilität gab es eine Pause, eine Zeit der sozialen Unaufmerksamkeit, von der private Nutznießer profitierten. Also steht an dieser heiklen Stelle ein Haus. Es zeigt an, daß die Festung nicht mehr am Leben ist; es schmarotzt gleichsam auf einem Totenhügel. Die Bäume sind Grabpflanzen einer Festung.

Als Kinder spielten wir Kugelstoßen mit alten Kanonenkugeln, die bei der Gartenarbeit zum Vorschein kamen: kleine aus Marmor, größere aus Sandstein. Ich weiß nicht mehr, wann ich begann, über die Kugeln nachzudenken. Zuerst war es nur ein Eindruck, eine verworrene Vorstellung, die in einen Zeitabgrund hinabführte: in urtümliche, rauchende Kanonenrohre.

Mit solchen Bildern, die uns irgendwann überfallen, beginnt jede Folge von Gedanken. Ohne sie würde man niemals zu denken beginnen.

Später, im Verlauf dieser Gedankenfolge, sagte ich mir: Diese komischen Spielzeugkugeln waren der tödliche Ernst einer anderen Zeit. Und von da führte der nächste Gedankensprung zu den Dingen hin, die wir, in der Gegenwart, tödlich ernst nehmen.

Was von der Festung in unseren Garten herunterflog, waren harmlose Gegenstände: Teller, Gläser, Bestecke und andere Utensilien aus dem Restaurant. Und manchmal, in plötzlichen Sommergewittern, brachte der Sturm uns einen Sonnenschirm.

5Heute dringt an warmen Abenden, wenn die Fenster geöffnet sind, der Lärm der Folklore-Konzerte herunter: Stampfen von Schuhen, Jodelschreie und gebrüllte Refrains der schunkelnden Runden.

Was in ihren Hallen sich eines Tages versammeln würde, das hätten die alten Burgherren sich niemals träumen lassen. So verwandelt sich die Welt in wenigen Jahrhunderten zur unverständlichen Fabel.

HANS WELL – BIERMÖSL BLOSN

(∗ 1953 / ∗ 1976)

Jodelhorrormonstershow

I lieg auf meinem Kanapee und schlaf hoibat ei,
auf oamoi hör i ein Geräusch und denk des konn net sei,
denn wos i aufm Bildschirm siehg is wirklich ultrahart,
des is eine Begegnung der unheimlichsten Art!
A superblonde Barbiepuppn singt das Kufsteinlied,
drei Larven in am Heidi-Dirndl schunkeln zünftig mit,
ein Silberfisch im Trachtenanzug moderiert fidel:
»Und nun ihr lieben Leutl: Marianne und Michael!«

Refrain:
Hollaradiri, hollaradiho, das ist die
　　　　　　　　　　　Jodelhorrormonstershow!
Hollaradiri, hollaradiho, das ist die
　　　　　　　　　　　Jodelhorrormonstershow!

10000 Zombis klatschn, a Bloskapoin marschiert,
mei Opa und mei Oma san total hypnotisiert,
die Schrankwand fangt zum Schunkeln o, es is ein
Höllengraus!
Vom Fernseher do kriacht jetz da Musikantenstadl raus.
Die Zillertaler Schürzenjäger gehn auf d' Oma los, da
Moik,
der sitzt beim Alpenglühn am Opa aufm Schoß.
D' Lolita deut aufs Kanapee: »Auf gehts, den pack ma
glei!«
Jetzt haun s' ma im Dreivierteltakt an Jodeleinlauf rei!

HELMUT BERGER

(∗ 1944)

So wie die Salzburger Nockerl

Ein Salzburger Bub mit gelegentlichen Ausbrüchen,
so wie die Salzburger Nockerl: süß, leicht, in Maßen
gegessen eine Köstlichkeit, aber ein Zuviel verur-
sacht einen Eiweißschock. Viel Schaum um nichts,
oder? Ich bekenne!

In der Nachkriegszeit zogen wir nach Salzburg.
Vater und Mutter, beide aus dem Hotelfach, wollten
sich unbedingt selbständig machen. Zunächst mit
einer kleinen Bar, »Jedermann«, direkt auf der linken
Seite der Salzach-Staatsbrücke, damals die beste Bar
Salzburgs. Später kamen das »Bräustüberl« und eine
Pension hinzu.

Nur kurz arbeitete ich nach dem Hotelstudium bei meinen Eltern. Viel zu lang für mich. Ich hatte einfach die Nase voll vom »Bräustüberl«. Von der Bierausschenkerei und den besoffenen Leuten. Von wegen »Proletarier, vereinigt euch«, in der Masse erzeugen sie den Mief der Mittelmäßigkeit. Und dazu gehörte ich nicht. Ein Leben mit diesem Volk? Ohne mich! Lange genug war ich der brave, folgsame Sohn eines braven, fleißigen, geradlinigen Vaters gewesen. Mein Geschenk an ihn war das Hoteldiplom, das mir nur noch Mittel zum Zweck schien. Für den Fall, daß mir mal Reisegeld fehlen sollte, die Schecks meiner Mutter nicht ausreichten. Ciao, Vater. Ciao, Salzburg. Ciao, Mutter.

Meine Mutter wußte es immer: Ich bin ein Ufo, komme von einem anderen Stern. Ich lande und fliege ab nach meinem eigenen Zeitplan. Die Atmosphäre in ihrem »Bräustüberl« gab mir endgültig den Rest. In der Dunkelheit einer Nacht nahm ich das Bargeld meiner Mutter. Es lag versteckt in der Handtasche unter den Seidenstrümpfen im Kleiderschrank. Sie wußte, daß ich es wußte. Eine stille Übereinkunft, über die wir keine Worte verloren hatten. Wir sind Seelenverwandte.

Die Nacht schluckte meine Schritte, als ich mit meinen gepackten Koffern, zentnerschwer wegen meiner geliebten Bücher, zum Bahnhof ging, um in den nächsten Zug Richtung Schweiz zu steigen.

MARTIN WALSER

(* 1927)

Am meisten beneide ich hier die Japaner

Salzburg ist ohnehin schon schön. Das durfte nicht
unbemerkt bleiben. Dann machte man daraus ein
Produktionsmittel. Wer am schönsten singen kann u.
s. w., reist hierher, um die lokale Schönheit noch mit
sich zu multiplizieren. So kommt natürlich viel Schönheit zusammen. Schön und schön gesellt sich gern.
Für den Rest ein hartes Motto. Ich gehöre zu den
winzigsten Produzenten des Programms 1974. Abtei-
lung Problemproduktion. Das hat natürlich mit Schönheit nichts zu tun.

Am meisten beneide ich hier sofort die Japaner.
Für sie scheint alles interessant zu sein. Ich wage
nicht mehr, meinen Photoapparat auf etwas Einzelnes
zu richten. Nachher fehlt immer das Wichtigste. Da
habe ich dann etwas gebogenen Stein und Sorge tragen-
des Gemäuer, aber kein bißchen Karajan. Andererseits bin ich froh, daß ich nicht auf Karajan stoße. Ich
glaube nämlich, daß die anstrengendste Einstellung
zur Welt die kritische ist. Lieber möchte ich an der
nächsten Vierschanzen-Tournee als Skispringer teil-
nehmen als jetzt auf Anhieb kritisch denken. Und
schon steht Karajan vor meinem Photoapparat. Furchtbar. Er ist nervös, weil ich so lange brauche. Aber
man will ja, wenn man Karajan schon einmal vor dem
Apparat hat, nichts durch Unschärfe verderben. Andererseits ist das, was den Menschen erst zum Star macht,

der Zeitmangel. Ich bin, zum Beispiel, ziemlich sicher, daß der Star keine Familie haben kann, weil ein ixbeliebiger Mensch es nicht verantworten könnte, einen Star soviel Zeit zu kosten, wie ein Familienmitglied nun einmal kostet. Ein Zeitproblem also. An der Glastür des Hauses der österreichischen Gewerkschaft in der Auerspergstraße, wo ich meine kleine Problemproduktion betreibe, hängt ein hellblaues Plakat, das einen Guru zeigt, der aussieht wie Karl Marx, wenn er statt den Marxismus die Eurhythmie und die biologische Düngung hätte erfinden müssen. Ich lese, daß der Yogi am 25. 7. um 20 Uhr im Hotel Pitter, I. OG, Folgendes machen wird: »,Inneres Glück. Die Grundlage für erfolgreiches und erfüllendes Handeln.« Veranstalter: Österreichischer Gewerkschaftsbund, Landesexekutive Salzburg und SIMS, Student's International Meditation Society. Und daneben ein Zettel, worauf steht, daß ich hier ein Seminar betreibe über »Ironie als ein Verhältnis zur Geschichte«. Da mir plötzlich ganz schwach wird, gehe ich vor ins Café »Bazar«.

Es stärkt, in diesem Café zu sitzen und zuzuhören, wie die Leute sich engagiert über die Kritiken unterhalten, Vorstellungen betreffend, die wir, die Leute und ich, nicht gesehen haben. Meine Tochter, die einem ganz anderen Tisch zuhört, erzählt nachher, dort habe eine Dame mitgeteilt, daß sie in der vergangenen Nacht geträumt habe, sie sei in der »Ostzone« verhaftet worden. Zur Strafe träume ich in der übernächsten Nacht, daß diese Tochter mir aus eigener Erfahrung erzählt, wie schlecht die Verpflegung in der russischen Gefangenschaft gewesen sei. Ich lasse am Vormittag das Glockenspiel derartige Traumreste weghämmern. Viele Leute tragen auch dazu bei, daß man nicht nur an sich denkt.

Man kann wohl nicht verlangen, daß die Salzburger Schönheit einem ganz allein gehört. Man muß vielleicht zufrieden sein, daß man nicht aus Salzburg vertrieben wird wie seinerzeit Paracelsus. Andererseits heißt heute eine Gesundheitsanlage nach ihm. Also doch besser vertrieben werden? Feiges Wiegen und Wägen. Zum Glück höre ich durch eine Tür Schauspieler probieren. Österreichische Mundart. Wenn sie miteinander sprechen, spricht jeder seinen Anteil am österreichischen Dialekt. Sobald wieder Text dran ist, bemüht sich jeder um die möglichst schnöde Qualtinger-Tonart. Das ist eine Tonart, die den Eindruck erweckt, als gebe es jetzt nichts mehr außer den Sprechenden, was der Sprechende noch billigen könnte.

Ein Teil der Schönheitsproduzenten muß auch etwas gegen die Schönheit produzieren, das ist klar. Sonst könnte es ja zuviel werden. Ich allerdings glaube trotz allem an Musik. Aber es ist wie mit jedem Glauben, er hindert einen lediglich daran, so recht von Herzen ungläubig zu werden. So entsteht leicht etwas Flaues. Christus mochte sowas gar nicht. Was man bei einem Glaubensstifter versteht. Karajan ist in dieser Hinsicht vielleicht noch strenger als Christus. Bei ihm dürfte der Zeitmangel die Ursache aller Strenge sein. Im Grunde weiß er, daß einer wie er 266 Lebensjahre kriegen müßte, um halbwegs oft genug Karajan sein zu können. Christus hatte es da leichter, ihm kam es eigentlich nur auf Ostern an. Schon das mit Weihnachten ist ja mehr eine Familiensache.

HELMUT QUALTINGER

(1928–1986)

Mozart, Mammon und Menotti

Überhaupt scheint die Stimmung der Einheimischen stark von den Radfahrern beeinflußt zu werden, die bekanntlich an allem Schuld sind. So kann man sich nicht des Eindrucks erwehren, daß ein Teil der bodenständigen Bevölkerung die Festspiele teils als Gnade, teils als lästige Verpflichtung empfindet. Man trägt sich mit dem Gedanken, in Zukunft an der Peripherie der Stadt Mautschranken zu errichten, an denen den Fremden Gelegenheit geboten wird, ihre Devisen abzuliefern, ohne auch noch die Stadt zu betreten.

Diese Einstellung ist nicht ganz unverständlich, wenn man erfahren muß, daß die Sehenswürdigkeiten Salzburgs eigentlich nicht zu sehen sind, weil immer Fremde davorstehen. Erst auf dem Umweg über die Betrachtung von Ansichtskarten und Wochenschauen kann man sich heute ein Bild von Salzburg machen. Sonst gibt es keinen Blick auf den Untersberg, der nicht auf deutschen Touristennacken landet, kein Mozart-Haus ohne überseeische Besucher, die nach Schubert fragen, kein Festspielhaus ohne die berüchtigten »Salzburger Nockerln« – nämlich die zu allem entschlossenen Autogrammjägerinnen, die jeden Passanten für einen Prominenten halten, selbst wenn dieser wissen will, was da drin eigentlich geschieht.

Lediglich die Gruppen, die den Blick auf das Neue Festspielhaus verstellen, setzen sich aus Einheimischen zusammen, die ihrem Unmut über die Gestalt des noch nicht sichtbaren Baues Luft machen. Um der Vermurung der Altstadt durch den Fremdenzustrom Herr zu werden, plant man auch, Fußgängern ein Parkometer auf die Stirn zu kleben, das sie zwingt, nach je zwei Stunden in einem Wirtshaus oder Café zu parken. Zur Entlastung des Mozart-Hauses, das dem Ansturm in keiner Weise mehr gewachsen ist, erwägt die Gemeinde, ein modernes, zehnstöckiges Mozart-Haus errichten zu lassen, das allen Anforderungen des verwöhntesten internationalen Publikums genügt.

Ansonsten ist nicht nur in der Altstadt alles beim alten geblieben. Das Barock ist immer noch barock, die Preise sind auch noch immer barock, neu ist nur die immer häufiger auftretende Tafel mit der Aufschrift »Zimmer frei«, die sich trotz der statistisch erwiesenen zwanzigprozentigen Steigerung des Fremdenverkehrs überall durchzusetzen beginnt und die Vermutung nahelegt, daß die Fremden in zunehmendem Maße im Freien übernachten. Zu diesem Zweck bedient man sich anscheinend riesiger Autobusse, welche die Fremden in die Stadt bringen, aber nach wenigen Stunden wieder aufschlucken, offenbar um sie dann, nach Einbruch der Dunkelheit, auf dem flachen Felde auszusetzen.

Auf dem Gebiet der Oper ist als österreichische Uraufführung »Vanessa« von Gian Carlo Menotti und Samuel Barber angesetzt, die weder von einem Österreicher noch eine Uraufführung ist, sondern ein bereits in der Metropolitan Opera in New York gespieltes Werk. Dafür erfüllt es ganz Österreich mit Genugtuung, zu

lesen, daß Herbert von Karajan die Eröffnungsvor-
stellung der neuerbauten New Yorker »Metropolitan«
leiten wird, eine Häufung von glücklichen Zufällen,
die sich niemand erklären kann.

Die Spielplangestaltung stand auch sonst mehr im
Zeichen der Unverbindlichkeit, etwa nach dem Motto:
Si vis pacem, Arabella.

Dafür wimmelt Salzburg von darstellenden Künstlern, die sich in zwei Kategorien scheiden. Es gibt
Schauspieler, die in Salzburg zu tun haben, und es
gibt solche, die sich in seinen Kaffeehäusern zeigen,
womit sie zeigen, daß sie nichts zu tun haben.

Das Salzburger Nachtleben wird vor allem von zwei
drehbaren Scheinwerfern bestritten, welche die Sehenswürdigkeiten jählings herausleuchten und dadurch
sämtliche unternehmungslustigen Pärchen daran
hindern, diese als Aufenthaltsort zu benützen, was im
Hinblick auf die Zahl der Sehenswürdigkeiten Salzburgs ein ernstes Problem darstellt.

Um dem Publikum nächstes Jahr aber auf jeden
Fall etwas vom Grund auf anderes zu bieten, berät
man schon jetzt in den Kreisen der Landesregierung
eine Neuerung, die unter der Voraussetzung, daß eine
entsprechende Finanzierung durch den Staat oder
durch eine Anleihe zu erreichen ist, eine Sensation
zu werden verspricht: Die Mozart-Stadt soll endlich
mit der Tradition brechen, ihrem Festspielalltag ent-
fliehen und ihren Alltag ohne alle Festspiele dem
Publikum präsentieren. 1959 ist die ganze Welt ein-
geladen – zu: »Salzburg, wie es keiner kennt!«

DIETER BERDEL

(∗ 1939)

A Weanarix auf Soizbuag

En Soizbuag schbüns jez Joa en »Jedamau«.
Do gibz a Roin, do kumbd ned a jeda drau.
Weu des »Jeadmau,
Jedamauuu, Jeeedamaaauuu!«
Des is a Dext, den wiaklech ned jeda kau.
(…jo, iagndwau scheed jeda au!)

GERHARD AMANSHAUSER

(∗ 1928)

Jedermann

Am Sonntag, wenn es nicht regnet, hört man weithin
die Jedermann-Rufe. Dann weiß man: jetzt werden
die Reichen bald erlöst und steigen im weißen Hemd
zu himmlischen Tischen hinauf, wo kleine Papier-
tafeln stehn: Reserviert.

Da über nur *einen* Bekehrten mehr Freude herrscht
als über 99 Gerechte, müssen Hunderte von Bekehrten,
die alle mit höchstem Geschick ihren Bauch durch
das Nadelöhr zwingen, eine Hochsaison der Freude
auslösen, die sich widerspiegelt im engelhaften Benehmen der Kellner.

Nur der geprellte Teufel fährt schlechtgelaunt in die Vorstädte hinaus, um wenigstens noch zu versuchen, ein paar der fast ausgestorbenen Kommunisten für seine Hölle aufzutreiben.

Nachsaison

Wenn der Föhn die Wolken nach Norden zurückschiebt, atmet das Mittelmeer über die Berge. Häuser und Türme entsinnen sich ihrer Herkunft, die Stadt entsinnt sich der Heimat der Städte, wo man in Hemdsärmeln auf den Plätzen plaudert. Von den Caféterrassen klingt freundlich das Porzellan. Gerüche gehen auf den Straßen und werben.

Jetzt sind die Mauern am schönsten; die Farben gewinnen Konturen im Himmel. Die Bäume haben zu arbeiten aufgehört und feiern die Sonne. Im Klang der Glocken schwingt Rom.

VITTORIO DE SICA

(1902–1974)

Ladri di Biciclette

0.41 Ext. Rom. Strasse. Es regnet.
Vater und Sohn stehen unter einem Dach, schauen auf die Straße, umgeben von Priesterschülern.

Priesterschüler: »*Franz, scheußliches Sauwetter haben wir wieder gehabt. Salzburger Schnürlregen ist nichts dagegen!*«

ALI PODRIMJA

(* 1942)

Salzburg im Regen

Fährst du nach Salzburg
bete daß es regnen wird
Nie wirst du es vergessen

Eine ferne Stimme führt dich
durch unbekannte Katakomben
denn du bist kein gewöhnlicher Reisender

Du wirst es von innen entfalten
und von innen wirst du brennen
einsames Licht suchend

Die Musik ist nicht nur Klang
und Schönheit kein Glanz der blendet
Du reist in eine dritte Zeit

Wenn du nach Salzburg fährst
soll es regnen bete darum
Noch mehr wirst du es lieben und

Glück hast du gehabt denn die ganze Zeit
hast du unter Mozarts Schutz gestanden
dort wo die Götter nicht sterben

Salzburg-Feldafing, 10.–15. 4. 1992

(∗ 1945 / ∗ 1930)

Karajan am Untersberg-Ostgrat

Aber noch einen Vorteil – außer der Aussicht – hatte die Nähe der Stadt, die ja auch Universitäts- und Festspielstadt ist und Heimat der Musikhochschule Mozarteum, was eine interessant gemischte Gesellschaft garantierte. Umso mehr, als sich drunten ja herumsprach, dass da heroben ein außergewöhnlicher Wirt werkte.

Oft saß der Musikstudent mit den Pianistenhänden neben dem wettergegerbten Holzfällertyp in der Sonne. Philharmoniker und Festspielkünstler wie Walther Reyer ereiferten sich über zurückliegende und bevorstehende Premieren, der Maler Christian Ludwig Attersee war da.

Staatsbesuche wurden heraufgeführt, um ihnen die Schönheiten Salzburgs zu zeigen, und einmal saß auch der König von Norwegen an Sepp Forchers Tisch.

Und noch ein König war immer wieder Gast heroben am Untersberg, ein König der Opernhäuser: Herbert von Karajan, gebürtiger Salzburger, von Kind an begeisterter Sportler und deshalb am Untersberg fast zuhause: Die Lieblingstour Karajans war der Untersberg-Ostgrat, erinnert sich Sepp Forcher, der Ostgrat, der kein Spaziergang ist, wie jeder weiß, sondern eine hübsch anspruchsvolle Kletterei. Karajan?

»Es waren nette, unkomplizierte Begegnungen, wir haben gemütlich miteinander geredet, übers Klettern, über Berge, über alles. Sehr interessant!« Es war halt schon immer so, wie es Bergsteiger bis heute schätzen: »Nach einer gelungenen Bergtour sind alle gleich ... gleich verschwitzt, gleich müde, gleich glücklich.«

Und Sepp saugte ein, was er hörte und sah, er, ein Mann mit ein paar Klassen Volksschule, lernte ununterbrochen. Und er mochte die Späße und die Gemütlichkeit der urigen Bergler genauso wie das Wissen und die Begeisterungsfähigkeit der Studenten, die an den sonnengebleichten, rohen Holztischen an der Hüttenwand unter seinen mitfühlenden, lebenserfahrenen Augen ihre Überzeugungen, Sorgen und Träume ausbreiteten.

Was er selbst dabei gelernt hat? Da lacht er: »Es kummt was z'samm'!«

In diesen Jahren hat Sepp auch begonnen, regelmäßig in Festspielaufführungen zu gehen, angeregt von den Musikstudenten, die ihn auch mit Insider-Tipps versehen haben.

Wie so ein Festspielbesuch für den Hüttenwirt des Zeppezauer-Hauses aussah? Er stieg abends, wenn die Bergler fort waren, ins Tal, mischte sich mit zunehmender Selbstverständlichkeit unters Festspielpublikum, genoss den Abend und stieg dann wieder durch die Einsamkeit der Nacht hinauf zur Hütte. Über sich die Sterne, die Musik im Ohr, die leuchtende Stadt zu Füßen. Gefühle, die du nie vergisst ...

CLIVE JAMES

(∗ 1939)

Postcard from Salzburg

Salzburg ist nicht Aldeburgh und nicht einmal Edinburgh.
Nicht viel wird dort geschaffen. Stattdessen ist es ein
Kunstschrein. Karajan ist der letzte Erzbischof von
Salzburg. Eine teutonische Wolke der Kunstbegeiste-
rung würde über der gesamten Stadt hängen, wäre da
nicht diese fröhliche Hingabe der Österreicher für
alle fleischlichen Genüssen, besonders für jene, die
durch einen halbleeren Magen hervorgerufen werden.
In Salzburg starren Künstlerporträts aus jedem Schaufenster. Unzählige von Karajans heben sich markant
hervor. Sogar Mozart, der ein gutes Gespür für seinen
eigenen Marktwert hatte und abgeneigt war, einen
Platz weit weg vom Salzfass einzunehmen, würde vor
so viel Anbetung der Mund offen stehen. Aber die
Österreicher begnügen sich nicht, sein Porträt ins
Fenster zu hängen. Sie wickeln es um ein kugelför-
miges Stück Schokolade, Mozartkugel genannt. Sie
machen aus ihm Zuckerbüsten. Sie essen ihn.

Mozarts Abreise, die nicht lang nach seiner Ankunft
erfolgte, war für eine lange Zeit das letzte Ereignis.
Die größte Errungenschaft Salzburgs im neunzehnten
Jahrhundert bestand darin, dass es zu guter Letzt Teil
von Österreich wurde. In der Zwischenzeit dezimierte
eine tödliche Langweile die Bevölkerung um 75 Prozent.
Salzburg wurde ein leeres Theater. In den letzten
Jahrzehnten unseres Jahrhunderts fanden Richard

Strauss, Hugo von Hofmannsthal und Max Reinhardt einen Weg, es wieder zu füllen. Mit nur gelegentlicher Unterbrechung sind die Festspiele seither ständig gewachsen und haben heute eine Größe erreicht, dass sie fast imstande sind, das Ego ihrer derzeitigen Hauptantriebskraft, »das Wunder« Herbert von Karajan aufzunehmen.

»Der Chef kommt!« ... Vom Himmel herabsprengend in seinem Privatjet, kommt von Karajan im Großen Festspielhaus in einer Kolonne schneller Autos an und gibt den Ton für die Salzburger Festspiele an. Sie sind ernst, durchorganisiert, und vor allem sehr teuer. Karten für die diesjährige neue Produktion der Aida, dirigiert vom Chef persönlich, hatten einen Nennwert von $ 100 aufwärts und wurden bis zu $ 1000 das Stück am Tag der Vorstellung gehandelt. Wenn ich das Geld hätte, müsste um diesen Preis Aida singen wie ein Engel, den Stern von Afrika in ihrem Nabel tragen und wie eine in Trüffelsauce getunkte Catherine Deneuve aussehen. Ist von Karajan denn das wert?

Nach der Vorstellung muss man unbedingt im Goldenen Hirsch, Salzburgs teuerstem Hotel, dinieren. Die Salzburger essen immer nach der Oper. Sie essen auch davor. In der Tat essen sie den ganzen Tag lang. Es gibt ein Mahl mitten am Vormittag, um die Schmerzen der langen Unterbrechung zwischen Frühstück und Mittagessen zu lindern. Am Nachmittag gibt es vergleichsweise wenige Mahlzeiten, aber gegen Abend nimmt ihre Zahl wieder zu. Einige Jahrzehnte mit einer Ernährung dieser Größenordnung hinterlässt die DurchschnittssalzburgerIn mit Beinen wie die von Roscoe Tanner – vier Bierfässer, die in Zweierreihen angeordnet sind. Die Männer schauen sogar noch härter drein.

Die Felsenreitschule ist, wie ihr Name bereits sagt, in den Felsen hineingebaut. Die Rückseite der Bühne besteht aus einer Arkadenreihe, die vor langer Zeit aus dem lebenden Felsen herausgehauen wurde. Daher spiegelt das ganze Bühnenspektakel den Anblick der Stadt wider, in der die Straßen von Gassen durchbrochen werden wie die Felsen von Höhlen. *Titus* ist eines von Mozarts letzten Werken, und diese Inszenierung verband den Höhepunkt seiner Karriere perfekt mit seiner Geburtsstadt. Sogar das Publikum fing die Stimmung auf. Während der Pause unterhielten sich die Leute über Mozart, statt die Garderobe der anderen zu beäugen. Jeder konnte den anderen gut leiden. Die Österreicher lächelten sogar den Deutschen zu, was viel sagt, denn im Großen und Ganzen hätten es die Österreicher lieber, wenn die Deutschen einfach zu Hause blieben und das Geld per Post schickten.

LORD GEORGE WEIDENFELD

(∗ 1919)

Lebenserrinerungen Karajan

Eines Tages erhielt ich unverhofft einen Brief von ihm, dem ein Artikel über das Boston Symphony Orchestra von Roger Vaughan beigelegt war – ein Name, von dem ich bislang noch nichts gehört hatte. Karajan hielt den Beitrag für den besten Artikel, den er je über ein Orchester gelesen hatte. Er traf sich mit Vaughan und fand ihn sympathisch. Die beiden waren leidenschaftliche Segler, und Karajan meinte, sie könnten gut zusammenarbeiten. Über seinen amerikanischen Agenten machte ich einen Vertrag mit Vaughan, doch das Projekt erwies sich als sehr kostspielig, da mehrere Reisen über den Atlantik und andere Unkosten finanziert werden mußten.

Als die Arbeit voranschritt, begann der Autor mir zu signalisieren, daß er allmählich eine kritische Haltung zu seinem Gegenstand gewonnen hatte. Je mehr Vaughan über die frühen Jahre von Karajans Karriere und seine Verbindungen zur NSDAP recherchierte, desto weniger konnte ihn die Darstellung des Dirigenten überzeugen, er sei apolitisch gewesen und der Parteibeitritt habe ihm nicht mehr bedeutet als die Unterschrift unter eine Steuererklärung. Als Vaughan das Manuskript etwa zwei Jahre später ablieferte, tobte Karajan vor Zorn. Er versuchte, das Erscheinen des Buchs zu verhindern, und ich mußte das alte Argument vorbringen, die Macht des Verlegers sei begrenzt, wenn es um Meinungsäußerungen und nicht um strittige Tatsachen gehe. In diesem Fall konnte ich auch anführen, daß Karajan den Autor schließlich selbst ausgesucht hatte.

Am Ende konnte das Buch erscheinen, doch mein Verhältnis zu Karajan war seither spürbar abgekühlt. Vor diesem Debakel hatte ich immer wieder Gespräche mit ihm geführt, bei denen er recht zugänglich war. Wir unterhielten uns ausführlich über seine Musik;

dabei wurde mir klar, daß er unter den Musikern, die mir begegnet sind, die geringsten intellektuellen Ambitionen hegte: Er war mit Leib und Seele Technokrat, im Grunde beruhte darauf sogar sein Genie. Einmal traf es sich, daß ich außerhalb der Festspielsaison übers Wochenende in Salzburg war, wo Karajan probte und Schallplattenaufnahmen machte. Da seine Frau abwesend war, traf ich mich mehrmals mit ihm zum Essen. Mit großem Enthusiasmus sprach er über die Feinheiten der neuesten Aufnahmetechnik, die ideale Position der Musiker, um die bestmögliche Wirkung zu erzielen, die Auswirkungen von Furnierholz auf den Klang und die im Bruchteil einer Sekunde vom Dirigenten getroffene Entscheidung, ein Legato oder Rubato hinzuzufügen – selbst wenn es nicht in der Partitur stand –, um einen ausgewogenen Klang zu erzielen. Er ließ sich über die Größe von Opernbühnen aus, über die Akustik verschiedener Konzertsäle und die klanglichen Eigenschaften japanischer und koreanischer Sänger im Unterschied zu europäischen Stimmen. Damals probte Karajan Verdis *Don Carlos*. Ich versuchte, ihn in ein Gespräch über den Inhalt der Oper und die politischen Einflüsse zu verwickeln, denen Verdi ausgesetzt war, während er an der Oper schrieb. Als ich davon sprach, daß Verdi die Österreicher, die damals Norditalien besetzt hatten, durch Spanier ersetzt hatte und die rebellischen Männer und Frauen Flanderns für die italienischen Patrioten seiner Zeit standen, bekam Karajan einen glasigen Blick. Und als ich fortfuhr, über Kirche und Staat und das beeindruckende Duett zwischen dem Großinquisitor und König Philip zu sprechen, konnte Karajan ein Gähnen kaum unterdrücken.

Nach der Premiere von *Don Carlos*, die ich mit Karajans Tochter besuchte, stiegen wir alle in seinen Wagen. Karajan war in Abschiedsstimmung. Auf dem Rücksitz des Mercedes sitzend, bemerkte er: »Das war mein letzter *Don Carlos*.«

HELMUT BERGER

(* 1944)

Luchino Visconti trifft Karajan

Luchino war kein Fan von Karajan, er empfand dessen Dirigierkunst als viel zu schnell. Er lehnte auch Karajans Regie vollkommen ab. Er war der Meinung, beides gleichzeitig ginge nicht. Das wäre schlicht zuviel, die Sänger und Komparsen anzuleiten und auch noch zu dirigieren. Entweder das eine oder das andere. Wenn Luchino eine Aufführung nicht gefiel, ging er demonstrativ raus. Aber nicht ohne Romy und mich an der Hand mitzunehmen. Das war sehr auffallig, denn wir saßen in den besten Reihen, von acht bis 20. Unser Weggang wirkte wie eine Demonstration. Alles schaute. Doch das störte Luchino wenig. So auch bei der Oper »Boris Godunow«, die Karajan erarbeitet hatte. Während des folgenden Essens im »Goldenen Hirschen« ließ Luchino dann kein gutes Haar an der Inszenierung. Er begründete seine Kritik genau. Karajan kam auch an diesem Abend nicht zu uns, er nahm niemals an den gemeinsamen Abendessen im »Goldenen Hirschen« teil. Die beiden ignorierten sich von ganzem Herzen. Über die Projekte des anderen wurde möglichst kein Wort verloren. Ich versuchte mit Eliette, eine Versöhnung herbeizuführen. Wir grübelten, wie man den Krieg zwischen den beiden beenden könnte.

Wir wünschten uns schließlich, daß Karajan eine Oper auswählte, die er dirigieren und Luchino inszenieren würde. Wir waren von diesem Gedanken begeistert und organisierten ein Mittagessen im Haus der Karajans. Ich erzählte Luchino von der Einladung. Seine erste Frage war, ob Herbert von Karajan auch dabeisein würde. Ich antwortete, daß ich davon nichts wüßte. Ich wüßte nur von Simone, man würde wohl französisch sprechen. Luchino antwortete: sehr gerne! Also fuhren wir mittags raus, und Herbert von Karajan war dabei, obwohl er normalerweise mittags gern probte. Der Karajan-Besitz war ein wunderschönes Haus im salzburgischen Stil. Draußen vor der Tür etliche Sportwagen von Eliette und ihrem Mann, fast wie ein Wagenpark. Drinnen bemalte Bauernmöbel, getrocknete Blumensträuße und ein Interieur von besonderem Zauber. Der entstand durch die Mischung von österreichischem und französischem Geschmack. Herbert von Karajan war ja gebürtiger Salzburger und Eliette Französin. Die beiden Töchter, die noch ziemlich klein waren, sahen wir auch kurz. Ich glaube, sie spielten später mit ihren Nannies im eingebauten Swimmingpool.

Mei, i sag Ihnen, das war eine Atmosphäre beim Mittagessen! Nach dem Aperitif – Luchino trank einen kleinen Campari, Eliette und ich nahmen Weißwein, Karajan nippte bloß an irgend etwas – setzten wir uns in den Eßsalon, um rustikale Spezialitäten der Wiener Küche zu genießen. Die Luft war mehr zum Schneiden als das Wiener Schnitzel, zu dem es Spinatmus gab. Wir quatschten über dieses und jenes, sehr höflich, sehr freundlich, aber alles blieb belanglos und oberflächlich. Die beiden Maestros umkreisten sich wie Tiger. Beide mieden geflissentlich das Thema Musik und jede Bemerkung über ihre Arbeit.

Unsere Versöhnungsarie schien nicht zu klappen. Wie sehr wünschten Eliette und ich eine Verständigung der beiden Giganten. Oder wenigstens ein näheres Kennenlernen bei diesem Treffen, das wir gerne als Arbeitsessen von zwei Superstars erlebt hätten. Zweieinhalb Stunden lang redeten sie nur über Salzburg, die Sehenswürdigkeiten oder – es ist nicht zu glauben – über die Trachtenmode. Bla, bla, bla. Weder »Boris Godunow« noch andere Opern wurden auch nur mit einem Wort erwähnt. Obwohl diese Inszenierung das Thema der Festspiele überhaupt und an allen anderen Tischen der Stadt der Gesprächsstoff war. Auch Luchinos Reaktion mit seinem vorzeitigen Weggang war ja überall zu lesen gewesen. Aber keine Silbe hier draußen in Anif.

Keiner von beiden machte den Anfang. Zwei Meister in der Kunst, nicht zu sagen, was sie dachten. Das mag ja bei Diplomaten professionell wirken, aber bei großen Künstlern ist es das Unnatürlichste der Welt. Am schlimmsten war die außerordentlich liebenswürdige Höflichkeit ihrer Konversation miteinander. Dazwischen beobachteten sie sich heimlich. Die Stimmung gefror immer mehr. Bei lächelnden Mienen. Furchtbar.

Eliette und ich blickten uns verzweifelt an. Jeder hoffte, daß der andere einlenkend eingreifen könnte.

Aber ich fand mich zu jung, um einen Vorschlag über eine mögliche Regie von Luchino machen zu dürfen, und Eliette traute sich einfach nicht. Ihr fehlte bei diesen beiden Großkopferten der Mut. So ging das Mittagessen nach dem Espresso als Riesenenttäuschung zu Ende. Karajan mußte dringend in die Oper, Luchino mußte dringend ins Hotel, weil er wichtige Telefonate erwartete. Luchino und Karajan verabschiedeten sich mit denselben Worten, mit denen sie sich begrüßt hatten: »Piagere, Maestro«, es ist mir ein Vergnügen, großer Meister, Sie waren weiter voneinander entfernt als vor diesem Mittagessen. Schade, schade vor allem für die Kunst.

MAX BLAEULICH

Die Knopffabrik

In der Einöde Maxglan erhebt sich das Mozarteum als ein sorgfältig renovierter, prachtvoller Bau, der letztlich nur durch die vielen Zweckbauten, Garagen und klimatischen Verschiebungen eine Herabminderung erfährt. Es ist eine dem 19. Jahrhundert verpflichtete Architektur, die leider in Maxglan durch allzu rücksichtslose Getränke- und Abholmärkte verwässert wurde. Sagte Prinz Leide Einöde? Ja, das sagte er, doch er meinte jene Besitzungen, die das Mozarteum umringen und sich in einer unbekannten Gegend samt ihren Kilometersteinen verlieren, verflachen oder zum größten Teil in Niemandsland übergehen,

122

Reservat für Nager, Revier für kleinere Jagdvergnügen. Sagte er klimatische Verschiebungen? Ja, das sagte er, weil der Harmattan den afrikanischen Sand herweht und hierorts allen Bauten größte Schwierigkeiten bereitet. Er deckt zu, übertüncht die Verzierungen, vermengt sich mit der allerorts üblichen Vogelscheiße, wird pickig und bleibt schließlich als eine Art rötlich-grauer Mergel haften. Wäre nicht jenes graue Haus, inwendig voller Gold und Kristall, ein Haus, das wie ein Dom aus dem Fortschritt herausragt, dann wäre diese Tristesse kein Komma wert, lediglich ein Klima für Verschleimung. Herausgehustet aus der Lunge, ausgespuckt in den Sand, igelt sich der Auswurf kuge-lig ein. Wie sollte Heinrich nicht darunter leiden? Alles schlug sich bei ihm sofort auf die Lunge. Immer-zu hielt er sich das Taschentuch vor, es half kaum etwas. Meistens war er verschleimt. Hielt das die Fräuleins von ihm ab? Ein verschleimter Liebhaber. Lächerlich! »Hier könnte man die Beziehungen zwischen Nase und Geschlecht untersuchen«, sagte Heinrich zu sich selbst. »Ist doch schon längst untersucht. Als ich«, sagte der Verkaufsleiter U., »als Vertreter An-fang der fünfziger Jahre nach Maxglan kam, bemerkte ich vom Sand noch gar nichts. Jahre danach bereute ich meine Anstellung deswegen. Man gewöhnt sich nur schwer an diesen Umstand. Die Knopffabrik im Stich lassen, das wär mir niemals eingefallen, man ist doch seiner Vision verpflichtet. Und meine Vision sind halt die fünfundzwanzig Perzent Marktanteil, tja ... aber bei diesem Wetter?« Alle sahen es, fortwäh-rend staubten die Leute ihre Kleider ab und die Dächer ächzten unter der Last. Mehrfach kam es sogar zu

Dachzusammenbrüchen. Immer wieder berichteten Zeitungen von solchen Vorkommnissen und Katastrophen. Es war kein ungewohntes Bild, Hausbesitzer samt ihren Familien besenschwenkend auf den Giebeln herumbalancieren zu sehen oder wie sie zusammengenähte Tücher aufspannten, sie von Zeit zu Zeit an den Zipfeln nahmen und ausbeutelten. Manchmal zum Schaden der vorbeigehenden Passanten. Ungefährlich war diese Selbsthilfe nicht, so mancher rutschte ab und fiel hinunter. Nicht wenige machten Urlaub bei den Beduinen, um das Gehen im Sand zu vervollkommnen. »Damals hätte ich Staubsaugervertreter werden sollen, das wärs gewesen ...« und murmelnd fügte der Verkaufsleiter U. hinzu: »... statt dieser Scheißknopffabrik. Die Marke Kobold macht jetzt Spitzenumsätze.« Gewiss, Maxglan war seit jeher ein Sandloch, doch die Maxglaner wussten sich zu helfen, nichts nahmen sie als schicksalhaft hin, sie verkauften den Sand als Heilerde zur inneren und äußeren Anwendung. »Lumen naturale« hieß die bekannteste Marke. Weil sie eben aus dem Nichts noch »Lumen naturale« machen konnten, blieben die Maxglaner da und wanderten nicht aus, pflegten das Mozarteum und ließen es nicht verkommen oder gar im Sand versinken, kehrten permanent vor seiner Tür, reinigten die Figurinen am Dach, vergoldeten die abgeblätterten Stellen an den Köpfen der Musen. Mit engmaschigen Netzen hinderten sie die Tauben daran, in den Nischen der Fassade zu nisten. Darum war das Mozarteum nie verschissen, immer sauber, obwohl ringsherum alles dem natürlichen Fortschritt geweiht schien. Ein würdiges Domizil für das Licht, freilich auch für die

Musik. Nur Durchreisende fragten sich nach vielen Kilometern, woher dieses Ohrensausen stamme. Ständiger Wind, der Niederschlag vermischt mit Sand ... Was ist an Pisa interessant? Allein der Turm, sonst gar nichts, alles Parkplatz und Betrug. In Maxglan? Na, das Mozarteum! Von fern sah Maxglan aus wie eine der ausgespülten Niederungen, die häufige Überschwemmungen dem Auwald an der Glan zufügten. Niederungen: vom Schwemmsand niedergedrückte Plastikfetzen, von der Strömung gekämmtes Schmielgras, mit Schotter gefüllte Konservendosen, Rost, Glasscherben ... Manche verglichen Maxglan mit einer nach Brauchbarem durchkämmten Verlassenschaft oder behaupteten, es sei eine wilde Deponie. Wahrscheinlich ist beides richtig. Da gewahrst du einen Briefwechsel, Kartengrüße, ein verschriebenes Leben, dessen Reste zwischen Sand und Wasser geraten sind, seiner Auflösung, nein, seiner Ruhe harrend. All das Geschriebene: sinnlos. »Dein Rudi« hätte man auf dieser verwaschenen Karte lesen können. »Dein Rudi.« Wer ist das? »Dein Rudi« hat keinen Sinn mehr, »Dein Rudi« ist weder Erinnerung noch Abfall. Es ist nichts. Überall im Kot schnüffelnde Köter, Ratzen, hüpfende Vögel, raschelndes Laub, der Klang des Hungers, das ist mehr, viel mehr als »Rudi«. Der Großteil aller Häuser zwängte sich aus dem Schwemmsand wie herausstarrende, abgeschlagene Flaschenhälse. Der Betrachter sah auf die Riefen, die das schwappende Wasser im Sand zurückgelassen hatte, er dachte an das Wort »versunken« statt »Maxglan«. »Versunken« tropfte aus seinem Mund wie Speichel. Allein das Mozarteum ragte, als stünde es auf einem erratischen Felsen, aus der Verwehung heraus wie das Mädchenpensionat Goldenstein aus der Zone der Überschwemmungsgefahr und Unsittlichkeit, zugleich verweisend auf eine andere, noch nicht wahrgenommene Bedrohung. Nicht nur Niederungen, auch Lüfte sind gefährlich. Hausen in ihnen nicht Dämonen? »Gewiss, gewiss«, hätte der Prinzaspirant Liebsauer gesagt, während er mit einem Erlagschein die Miete für das Mozarteum einzahlte. Er ärgerte sich grün und blau darüber. Die Verkäufer mussten ziemlich viel für die wöchentliche Benützung des Prunks bezahlen. So gewann der Gedanke eines eigenen, abgeschiedeneren Versammlungsortes unter den Heerscharen schließlich die Oberhand. Kleine Spendenkästchen wurden jahrelang herumgereicht. Die Betagten versuchte man zu beerben. Die Prinzen besuchten sie mit Formularen in der Hand. Sie halfen beim Unterschreiben.

In Kürze sei das Geld sowieso futsch … Allmählich kam so eine ansehnliche Summe zusammen.

ROMY SCHNEIDER

(1938–1982)

Mein Tagebuch: Internat Goldenstein bei Salzburg. 6. Juni 1952

Heute bin ich aus Salzburg zurückgekommen. Ich war endlich mal wieder im Kino.

Mindestens zweimal im Monat fahre ich nämlich samstags zu Tante Marianne und Onkel Eugen nach

Salzburg. Das ist mit dem Autobus eine halbe Stunde zu fahren. Die beiden sind schrecklich nett zu mir, und Tante Marianne ersetzt Mammilein so ein bißchen. Onkel Eugen hat eine Tankstelle in der Schallmoser Hauptstraße. Wenn ich nicht zu ihnen kommen kann, schicken sie mir auch öfter Packerl, was ich sehr nett von ihnen finde.

Mammi würde ja sicher auch öfter was schicken, wenn nicht die Grenze dazwischen wäre. Was nach Österreich eingeführt wird, muß ja alles verzollt werden. Eine blöde Erfindung mit dieser Grenze. Draußen sprechen die Leute deutsch und hier auch. Aber das muß wohl so sein. Das ist Politik, und davon verstehe ich nichts. Im Geschichtsunterricht war ich noch nie sehr gut.

BERTOLT BRECHT

(1898–1956)

Salzburg – Notizen im Arbeitsjournal

18. 10. 48

salzburg. gespräch mit von einem über die russische antiformalismuskampagne, die von den meisten musikern anscheinend einfach als zwang abgelehnt wird, nicht als zwang zu ungewünschtem oder unwünschbarem.

hier ›gibt es alles‹ dh schwarz. man bezahlt mehr und braucht keine lebensmittelkarten. strenge demokratie für die mittellosen, dh arbeitenden, jeder bekommt gleich wenig.

stadt wirkt ausgepowert, erschöpft.

28. 8. bis 4. 9. 49
reise nach salzburg
mit dem wagen des ensembles ab sonntag, 28.; komme abends in freilassing an. (interzonenpaß, von den russen ausgestellt.) montag holt frau von einem mich über die grenze nach salzburg. sehe im festspielhaus dr hilbert, der paßsache betreiben will und mich nach dem festspiel SALZBURGER TOTENTANZ ausfragt; sehen verschiedene höfe an, wo es aufgeführt werden könnte. ein paar ämter, des passes wegen. cas in venedig, verschaffe ihm Leipziger messekarten, arrangiere alles, da immer noch kein russisches permit da. dienstag kommt viertel, wir besprechen winterspielzeit und wie er reisen kann. rate ihm, österreicher zu werden. gespräch mittwoch fortgesetzt. abends zurück nach freilassing. donnerstag früh nach münchen. geis, kammerspiele. bespreche mit giehse gastspiel und reisemöglichkeit. mit wimmer rolle im gorkistück. mit kortner galilei in berlin. freitag mit geis zu albers an starnberger see hinaus, besprechen dreigroschenoper-tournee. samstag kammerspiele, bespreche frühjahr (COURAGE). nachmittags ab nach augsburg. treffe george (pfanzelt), ist der alte. augsburg etwas zertrümmert, fremd, läßt mich ziemlich kalt. sonntag zurück berlin

GERT KERSCHBAUMER

(* 1945)

Verstecken und verraten

Malcolm Shaw Jr.: Report 12–16 December 1949 –
Die in diesem Report geschilderte Szene hat sich am
14. Dezember 1949 im Salzburg-Office der Property
Control and Restitution Section abgespielt. Chief war
nach wie vor Mr. Vernon R. Kennedy. Evelyn Tucker
jedoch hatte man den »Wels case« entzogen – wegen
ihrer Kritik am Verhalten der Vorgesetzten und Kollegen. Daher führen das protokollierte Gespräch Mr.
Shaw (Wien), Frau Gertrud Szente (Salzburg) und
Friedrich Welz, »famous art dealer under the Nazis«
laut Mr. Shaw. Das theaterreife Protokoll ist aus dem
Englischen ins Deutsche übersetzt.

»Auf Wunsch Mr. Shaws telefoniert Frau Szente mit
Herrn Welz. Dem Gespräch lauscht Mr. Shaw, der gut
Deutsch versteht. Frau Szente bittet Herrn Welz, er
möge in das Office kommen. Herr Welz erwidert, er
habe zuviel zu tun. Frau Szente sagt, dann bekomme
er Besuch. Herr Welz fragt, was man denn von ihm
wolle. Frau Szente antwortet, die Amerikaner wollen
ihm einige Fragen stellen. Darauf brüllt Welz: Was
wollen die denn von mir. Ich habe es satt, dass die
mich ständig befragen. Die sollen mich in Ruhe lassen.
Frau Szente hält das Telefon an Mr. Shaws Ohr. Er
hört das Brüllen des Herrn Welz: Von der Fragerei
habe ich genug und will mit dem nichts mehr zu tun
haben. Er schreit zunehmend lauter und ordinärer.
Schließlich spricht Mr. Shaw mit ruhiger, aber harter

Stimme in Deutsch: Hier ist Mr. Shaw vom amerikanischen Hauptquartier in Wien. Ich habe schon verstanden, was Sie gesagt haben. Dennoch brauchen wir von Ihnen Informationen. Welz fragt, was Mr. Shaw wissen möchte. Shaw wolle ihm einige Fragen stellen. Als Herr Welz eine neue Schimpftirade loslässt, gibt Mr. Shaw Frau Szente das Telefon und bittet, sie solle einen Termin mit ihm vereinbaren. Da hat Herr Welz den Hörer schon aufgehängt.

Mr. Shaw meldet den Vorfall Mr. Kennedy. Dieser lässt Herrn Welz am späten Nachmittag vorfahren. Mr. Shaw stellt fest, dass Herr Welz kein gutes Erinnerungsvermögen habe. Herr Welz erwidert, die Amerikaner hätten ihn nicht zwei Jahre einsperren dürfen, wenn sie von ihm erwarten, dass er sich an alles erinnern soll. Herr Welz deutet an, dass Funke etwas weggebracht habe, sagt aber nichts Genaues. Die Amerikaner sollen doch den Landeshauptmann, den Funke und noch ein paar andere aufsuchen. Herr Welz bemerkt schließlich, er habe schon Monsieur Chereau einige Adressen von Leuten gegeben, die vielleicht etwas über die vermissten Bilder aussagen könnten.«

Der massive Druck hat gewirkt: Welz verrät einige Adressen und Verstecke. Das Land Salzburg – seit 1949 unter Landeshauptmann Josef Klaus – hat anscheinend erfolglos versucht, einige Kunstwerke französischer Herkunft zurückzuhalten. Trotz fadenscheiniger Behauptungen, die Mr. Shaw genüsslich protokolliert, muss Aristide Maillols *Trois Nymphes oder Drei Grazien* (Inventar-Nr. 299) am 15. Dezember 1949 nach Frankreich restituiert werden.

CHARMIAN CARR

(∗ 1945)

Ein Russisches Volkslied und the Sound of Music

Der Film »Sound of Music« verfügt über eine starke spirituelle Ausstrahlung. Ein katholischer Priester übermittelte die folgende Geschichte – nicht nur über den Film, sondern auch über eine darauffolgende Reise, zu der er angeregt wurde.

»The Sound of Music war ein beliebter Film, als ich jung war. Die Hoffnung und der tiefe Glaube und Mut in dieser Geschichte haben mich auf vielen Ebenen angesprochen.

Als ich 1985 das Kolleg St. Josef außerhalb von Salzburg besuchte, war ich daher neugierig zu sehen, wo die echte Trapp-Familie gelebt hatte. Ich hatte Geschichten gehört, was sich dort ereignet hatte. Nachdem die Trapp-Familie aus Österreich geflohen war, hatten die Nazis das Haus besetzt und machten aus der Familienkapelle eine Bierhalle. Heinrich Himmler, der Leiter der Gestapo und ein Architekt des Holocaust, schlug sein österreichisches Hauptquartier in Kapitän von Trapps früherem Arbeitszimmer auf.

Eine Geschichte stach besonders hervor. Hitler pflegte in der Trapp-Villa abzusteigen, und bei einem seiner Besuche befanden sich im Hof unter seinem Zimmerfenster mehrere Fahrer und Ordonnanzen, von denen einer ein russisches Volkslied summte. Das erzürnte Hitler so sehr, dass er alle Männer im Hof erschießen ließ, ohne sich die Mühe zu machen in Erfahrung zu bringen, wer von ihnen gesungen hatte. Das kam mir so ironisch vor – dass in einem Haus, in dem so schöne Musik geboren wurde, das Summen einer Melodie zu einem Todesurteil werden konnte.

Nach Kriegsende fiel die Villa an die von Trapps zurück, aber sie wollten nicht dorthin zurückkehren. Sie verkauften sie an einen katholischen Orden, und da ging ich nun, 47 Jahre nachdem sie weggegangen waren, durch die Eingangstüren zu ihrem früheren Zuhause.

Das Haus war groß und dunkel. Mein Ziel war das Arbeitszimmer des Kapitäns, das in eine Kapelle mit Messlizenz umgewandelt worden war. Zwei große ledergepolsterte Türen öffneten sich nach innen, und ich trat ein. Die Kapelle war ein sehr großer Raum, schlicht und doch schön, mit Fenstern zum hinteren Hof, und Bänken zum Beten.

Als ich niederkniete, war ich von der gewaltigen Stille dieses Raumes überwältigt. Ich betete den Heiligen Rosenkranz, und ich machte eine der großartigsten Erfahrungen an jenem Tag. Entsetzliches Übel war über dieses Haus gekommen und hatte sich in diesem Raum konzentriert, aber auf irgendeine Art wies die Gegenwart der Eucharistie in die Ewigkeit. Ich konnte die Präsenz der Trapp-Familie spüren, ihre Willensstärke, die noch immer in diesen Wänden verankert war.

Jahre nach meinem Besuch in der Trapp-Villa hielt ich eine Vorlesung über den Holocaust an der Universität von Notre Dame. Dieses Thema wurde für gewöhnlich nicht an katholischen Universitäten unterrichtet, aber ich empfand ein starkes Verlangen, die Geschichte und Fragen, die der Holocaust aufwirft, zu vermitteln.

Nie zuvor hatte ich diese Verbindung gesehen, doch die Erfahrungen in der Trapp-Villa müssen mitgeholfen haben mich hinzuführen. Ich betete an einem Ort, an dem Himmler Pläne für die ›Endlösung‹ ausgearbeitet hatte. Später erkannte ich, dass es von entscheidender Bedeutung war, im Unterricht weiterzugeben, was geschehen war. Die Trapp-Familie war immer bei mir im Unterrichtsraum dabei als Beispiel für die Widerstandsfähigkeit des menschlichen Geistes, und wie das Leben weitergeht, sogar nach dem größten Übel«.

MARIA AUGUSTA TRAPP

(1905–1987)

Dann kam der Tag meiner speziellen Heimkehr

Als sich herumgesprochen hatte, daß die Initiatoren der Österreichhilfe in Salzburg seien, fand sich fast täglich eine kleine Gruppe von Menschen vor unserem Haus in Aigen ein. Fast alle waren uns unbekannt; manche waren von weit her gekommen, und jeder hatte eine Geschichte zu erzählen und hoffte, wir könnten ihm helfen. Daß auch tragische Situationen oft komische Aspekte in sich bergen, wurde uns klar, als wir unter dem vielen Herzweh und Elend auch einige Maiden entdeckten, junge und weniger junge, die uns, hold errötend, doch hoffnungsvoll baten, wir mögen ihnen doch einen Gatten in Amerika finden.

Halb Amerika schien damals wegen des Heiligen Jahres in Europa zu sein; viele hatten das erste Buch über die Trapp-Familie gelesen und wollten uns in der Villa besuchen. Es schien, als ob sich die ganze traditionelle »erste Reihe« des Weihnachtskonzertes in der Town Hall hier ein Stelldichein gegeben hätte, und an manchen Tagen wußten wir kaum, ob wir hier waren oder drüben.

Wir zeigten ihnen Aigen, Salzburg und den Nonnberg, wo ich Postulantin gewesen war. Wir verbrachten ein herrliches Festspiel-Wochenende voll Musik und Folklore in Bergen am Chiemsee, wo eine Messe nach alten Bauernmelodien mit Zitherbegleitung aufgeführt wurde. Der »große Paul« nahm alles auf Tonband auf. Hier tanzten und sangen wir nach Herzenslust, während ein älterer Herr, ein Verwandter der Familie, etwas abseits stand und mich später mißbilligend fragte: »Wie könnt ihr euch nur so unters Volk mischen?«

Wir entdeckten das Salzburger Heimatwerk, einen genossenschaftlichen Laden, auf Volkskunst und -handwerk spezialisiert, der vor dem Kriege noch nicht bestanden hatte. Wir freundeten uns mit Toni Reiser, dem Leiter des Ladens, und mit seinen Musikern an. Durch sie lernten wir neue Schätze der Volkskunst und Folklore kennen. Eines Abends kam die ganze Gruppe zu uns nach Aigen, Franzl mit seiner Zither, der »große Franz« mit dem Hackebrett, andere mit Harfen, Violinen und Trompeten. Die alten Wände hallten wider von schöner Musik, und Paul Taggarts Tonbandgerät kam die ganze Nacht nicht zum Stillstand.

Dann kam der Tag meiner speziellen Heimkehr: auf den Nonnberg, das Heim meines Herzens, das Kloster der Benediktinerinnen, wo ich zwei glückliche Jahre meiner Jugend als Aspirantin verlebt hatte. Weit öffneten sich unsere Herzen, als wir uns wiedersahen. Viele Pakete der Österreichspende hatten auch den Nonnberg erreicht, und man forderte mich auf, einige Worte zu sagen. Doch alles, was ich herausbrachte, war. »Ehrwürdige Mutter, das ganze Jahr hindurch muß ich Reden halten – aber wenn ein Kind heimkommt, da gibt es keine Ansprachen!«

Die ganze Zeit war so herzerwärmend und doch manchmal auch so herzzerreißend, daß wir darüber fast unsere Konzerte vergaßen. Im Unterbewußtsein lastete jedoch eine geheime Angst auf uns. Es gab Anzeichen und Gerüchte, daß uns unsere Flucht aus Österreich übelgenommen worden war und daß gewisse Leute nicht vergessen konnten, daß Rupert und Werner in amerikanischer Uniform gekämpft hatten.

Am Morgen unseres ersten Konzertes im Mozarteum wachte Lorli mit hohem Fieber auf, und bei Hedwig zeigten sich Anzeichen einer akuten Bronchitis. Beide blieben bis zur letzten Minute im Bett und versuchten ihrer Unpäßlichkeit Herr zu werden. Wir waren nervös und aufgeregt, als wir endlich die Bühne betraten.

Während wir das erste Stück sangen, begannen die Lichter plötzlich zu flackern und gingen dann ganz aus. Es währte lange, ehe ein Elektriker gefunden wurde. Später erfuhren wir, daß die Panne keineswegs dem Zufall zuzuschreiben war. Es waren sogar noch ärgere Störungen geplant gewesen. Es gelang uns jedoch, das Programm zu Ende zu singen, und wir hatten am Ende das Gefühl, in Frieden und Harmonie mit der Zuhörerschaft verbunden zu sein.

KA. RUHDORFER

(∗ 1967)

schalldicht

you'd have to have lived under a rock for most of the last century not to know the story of*

the

ssssssssssssssssss
aaaaaaaaaaaaaaaaa
uuuuuuuuuuuuuuu
nnnnnnnnnnnnnn
ddd ddd ddd ddd

---

* »Man müsste den Großteil des letzten Jahrhunderts unter einem Stein gelebt haben, um nicht die Geschichte von *The Sound of Music* zu kennen«. (Zitat Robert Payne, übers. v. d. Autorin)

sound of

k
i k
z i k
ju z i k
m ju z i k

music.

eins zwo links
vier fünf rechts
sieben achtung
von wegen ... rechts

vierfüssige spinne nistet schwarz auf weiss:
österreichs anschluss-kreuzen wachsen krakenhaken.
wer nicht auf dem rechten weg ist, ist
weg.

um 33 euro rollst du in der blechwanze von drehort
                                   zu drehort.
wird dein gratis-edelweiss-samen spriessen im
                                       hochhaus?
wenn die saat immer aufginge, wäre amerika edel-
weiss.

ERNST LOTHAR

(1890–1974)

Bruder Mozart

Amerika … seine Maschinen werden besser sein als die unseren; seine Chemikalien, Sera, Waffen, sein Unterrichtssystem, einige seiner Zeitungen und seiner Filme. Trotzdem wird es nie einen Mozart haben. Keinen Schubert. Nie jemanden, der schreiben kann: »Über allen Gipfeln ist Ruh.« Nie die sanfte Zauberlinie, in der die Häuser Salzburgs wie ein Teil ihrer selbst am Fuß der Gebirge stehen. Nie die Anmut des Wienerwaldes, der Wien vor Versteinerung bewahrt. Es ist kein Zufall, daß die Seelen-Musik aus Österreich kommt. Es ist kein Zufall, daß Mozart in Salzburg, Schubert in Wien geboren wurde – sondern ein organischer Ausdruck dieser Städte, die nicht versteinert, sondern österreichische Landschaften geblieben sind. Man kann auch ohne Mozart und Schubert leben? Nein! Man braucht das Symbol, das sie bedeuten … zum Leben und zum Sterben!

Dieses Symbol ist Europa. Es bleibt die Welt des Schönen, das nicht gewollt und erzeugt, sondern geschaffen und gewachsen ist. Nicht des relativ Schönen, dessen Zwecke und Bedingungen man kennen muß, um es schön zu finden, sondern das absolut Schönen, das auf den ersten Blick überzeugt, weshalb es ein Gradmesser und Filter sein wird, der das Echte vom Schein sondert. Nationalökonomen unter Ihnen werden vielleicht den Ausdruck »Clearinghaus der Standards« vorziehen, obwohl es mir peinlich wäre, das, was ich meine, so zu bezeichnen. Denn ich meine das gottgeschaffene Schöne, woran die Menschen überhaupt nicht oder nur als Verkünder teilhaben. Jenes Schöne, das die Diktaturen der Macht-Wahnsinnigen, der Maschinen, des Geldes und der Gleichmacherei überlebt. Wenn die mechanisierte Welt sich zur Sterilität der absoluten Zweckmäßigkeit verdammt, kann nur die Welt unseres Logenbruders Mozart sie erlösen. Darin liegt Europas ewige Sendung, mag Amerika es jetzt auch – nicht mit Unrecht – nur als Massengrab seiner Söhne betrachten. Denn Europas Geist heißt Plato, Erasmus von Rotterdam und Mozart, nicht Napoleon und Hitler. Und weil Macht nur der Macht weicht, wird es die Macht Mozarts sein, die in alle Ewigkeit der Maschinenmacht, der Macht um der Macht willen die Unmenschlichkeit raubt!

RUDOLF BRÄNDLE

(* 1922)

Thomas Bernhard im Bombenkeller

Als im Herbst 1944 der Bombenkrieg auch über Salzburg hereinbrach, saßen Thomas und ich zwar stundenlang im selben Luftschutzkeller, dem sogenannten Glockengassenstollen im Kapuzinerberg, doch von den Schreckensszenen, die sich laut Bernhard dort abgespielt haben sollen, ist mir nichts erinnerlich.

Nichts von den Tausenden von Ohnmächtigen, nichts von den vielen auf langen Holztischen abgelegten, völlig nackten Frauenkörpern, die dann von Sanitätern, aber sehr oft auch von Schülern, so auch von Bernhard, massiert worden seien. Wahr ist, daß jener Luftschutzstollen wegen der Massen, die dort Zuflucht gesucht haben, gefürchtet war. Bei jedem Alarm war er überfüllt von verschreckten, stumpf vor sich hin dösenden Menschen. Ich aber versuchte, die Stunden des Wartens so gut es ging zu nutzen, und studierte, soweit es die Notbeleuchtung zuließ, in meinen Partituren und Sprachlehrbüchern, die ich in meinem Notkoffer ständig bei mir trug.

Bernhards Berichte über die Bombardierungen zeugen von der gesteigerten Sensationsbereitschaft des Vierzehnjährigen. Sobald Entwarnung gegeben wurde, habe ihn »seine pubertäre Neugierde« in jene Viertel geführt, in denen die Zerstörung am größten war. So gelangte er gerade zum richtigen Zeitpunkt zum Residenzplatz, wo er an der Slama-Ecke minutenlang wortlos vor dem ungeheuerlichen, faszinierenden Bild des »fürchterlich aufgerissenen, noch in Zerstörungsbewegung befindlichen Domes« verharrte. Ein oder zwei Tage später stand auch ich, vom Mozarteum zum Schuttaufräumen abkommandiert, fassungslos an derselben Ecke. Nun, wo die Stadt halb in Trümmern lag, vermochte Bernhard sich mit ihr zu versöhnen, auf einmal sei sie für ihn erträglich und schön gewesen.

Ausgerechnet den schwersten aller Luftangriffe am 17. November 1944 erlebte Bernhard im Keller des Johanneums. Rundum schlugen die Bomben ein, und es erschien ihm als Wunder, wieder lebend an die

Oberfläche gekommen zu sein. Bei diesem Angriff wurde unter anderem die »Schranne«, ein jahrhundertealtes, aus Steinquadern wie für die Ewigkeit gefügtes Gebäude, vollständig zerstört. Auch das Johanneum wurde in Mitleidenschaft gezogen und Bernhards Spind mitsamt der darin befindlichen Geige zerstört, was das Ende seiner Geigerlaufbahn bedeutete. Unser Haus ist damals wie durch ein Wunder mit ein paar kaputten Fensterscheiben davongekommen. Nur davor, mitten auf der Straße, war ein sogenannter Blindgänger niedergegangen. Vorsichtshalber wurden alle umliegenden Häuser evakuiert. Wir fanden bei Freunden Unterschlupf, und Thomas wurde noch am selben Tag von seiner Großmutter nach Traunstein gebracht.

Rückblickend sehe ich, daß Thomas Bernhard und mich noch verschiedene andere Salzburger Örtlichkeiten verbinden. Da wäre zum Beispiel die Reichenhallerstraße zu nennen. Durch sie führte mein erster Schulweg, als wir noch in der Riedenburg wohnten. Die Reichenhallerstraße war für Thomas ebenfalls, wenn auch Jahre später, der Schulweg vom Alglhof ins Gymnasium, bis zu dem Tag, an dem er beschloß, »in die andere Richtung« zu gehen, weg von der zu nichts führenden »Geistesvernichtungsanstalt« in die Scherzhauserfeldsiedlung, Salzburgs übelbeleumdetes Armenviertel, wo er als Lehrling im Kellerladen des Herrn Podlaha das wirkliche Leben zu finden glaubte. Auch mich führte einmal eine flüchtige Bekanntschaft vorübergehend in diese »unmögliche« Gegend. Aber letztlich wäre in diese Reihe der topographischen Affinitäten ja die ganze Stadt einzubeziehen. Eine Begebenheit sei noch angeführt: Als Bernhard Mitte der fünfziger Jahre am Mozarteum studierte, wohnte er eine Zeitlang in Parsch, am (Johannes-) Freumbichler-weg Nr. 26. Jahrzehnte später wurde meiner Schwester in derselben Straße von einer Freundin ein idyllisch gelegenes Sommerhaus zur Benutzung überlassen. Eines Tages, es war in Bernhards Todesjahr, sprach sie dort ein Japaner an, ein Germanist, wie sich her-ausstellte, der mit einem Stadtplan in der Hand alle Orte aufsuchte, die einen Bezug zu Thomas Bernhard hatten.

WILHELM J. WAGNER

(* 1938)

Ein großartiges Salzburg

Am 1. Juli 1939 berichtet die »Salzburger Landes-zeitung«: »*Der Führer hat gestern die Grundlinien bestimmt, nach denen die Neugestaltung der Stadt erfolgen soll. Es soll nach dem Willen des Führers ein noch großartigeres, viel schöneres Salzburg werden.*«

Wie nun die Planung des Gauforums und des Armee-kommandos aussehen soll, schildert Christoph Brau-mann: »*Auf dem vordersten Teil des Imberges, anstelle des Kapuzinerklosters, war die Anlage einer ›Gauhalle‹ für große Versammlungen vorgesehen. Der daran an-schließende große Platz sollte an zwei Seiten von Arkaden umschlossen sein; die der Gauhalle gegenüberliegende Platzseite bildete das ›Gauhaus‹ als Sitz des Gauleiters*

und der Parteizentrale. In einer angrenzenden Gelände-
mulde mit Ausblick nach Süden war eine große Sport-
anlage geplant, Dahinter war auf einer etwas höher
gelegenen Terrasse die Anlage eines neuen Festspiel-
hauses beabsichtigt; dieser als Rundbau ausgebildete
Teil der Anlage wurde allerdings in einer späteren
Entwurfsphase weiter nach Osten neben das Sport-
stadion verlegt. Auf dem höchsten Punkt des Imberges,
anstelle des Franziskischlössls, wurde die Errichtung
einer ›Gauburg‹ mit ›Adolf-Hitler-Schule‹ für den
Funktionärsnachwuchs der Partei geplant. Der gesamte
Komplex ›Gauanlage‹ sollte durch eine Auffahrtsrampe
am steilen Südhang des Berges vom Bürglstein aus
erschlossen werden, (…) Das neue ›Armeekommando‹
des Wehrkreises XVIII sollte (…) auf dem nördlichen Ende
des Mönchsberges errichtet werden. Die mehrgeschoßige
Anlage – mit einem monumental überhöhten Mittel-
trakt und in einer weiteren Variante überhaupt mit einer
Art ›Glockenturm‹ als dominantem Element geplant –
hätte sich mit einer Länge von über 400 Metern, begin-
nend auf der Höhe der Ursulinenkirche oberhalb des
Klausentores, bis in den Bereich der Monika-Pforte
erstrecken sollen. Die Wirkung im Stadtbild war damit
ähnlich monumental wie die der ›Gauanlage‹ auf dem
Kapuzinerberg angelegt.«

Das sind nicht die einzigen, wenn auch monströse-
sten Planungen, die mit großem Elan vorangetrieben
werden. Ein umfassendes Verkehrskonzept, Unter-
tunnelungen, Straßenverbreiterungen, der Neubau
eines Rathauses u. a. m. sollen Salzburg dem Prädikat
»Führerstadt« zu sein, gerecht werden. Ein Erlaß des
Oberbürgermeisters Anton Giger vom 3. April 1942

zieht einen Schlußstrich unter die Planungsarbeiten. Mit Ausnahme der noch offenen Bahnhofsfrage, so die Niederschrift der Ratsherren-Sitzung, wäre das ganze Gebiet der Stadt Salzburg »*durchgeplant.*« Mit sofortiger Wirkung wird die Einstellung von »*nicht kriegswichtigen*« Arbeiten verfügt. Das bedeutet das Ende für all die hochfliegenden Pläne zur Neugestaltung der Stadt an der Salzach.

Zwei Jahre später, am 16. Oktober 1944, um 2 Uhr früh, machen die Bomberbesatzungen und das technische Personal auf den süditalienischen Flugplätzen im Raum von Foggia die schweren Bomber des 5. US-Geschwaders startklar. Die Erdölraffinerie Brüx im Sudetenland ist ihr Ziel. Das schlechte Wetter zwingt sie zur Umkehr, 33 Maschinen von insgesamt 180 erhalten als neues Ziel Salzburg genannt.

Um exakt 10.58 Uhr greifen sie in mehreren Wellen die wie in Friedenszeiten liegende Stadt an. 390 Sprengbomben mit einem Gesamtgewicht von 97,5 Tonnen und 56 Pakete mit Flugblättern laden die Amerikaner ab. Um 11.16 Uhr kommen noch 17 Nachzügler der 99. Bomber-Gruppe, sie werfen nochmals 144 Bomben mit insgesamt 36 Tonnen Gewicht auf die Stadt.

An diesem Montag, einem strahlend schönen Herbsttag, macht Salzburg seine erste Erfahrung mit dem Luftkrieg. Salzburg wird »*in ganz anderem Sinne ›neu gestaltet‹*«, schreibt der Historiker Rudolf G. Ardelt, »*Berge von Schutt und Trümmern symbolisieren das Ende der NS-Zeit.*« Sie begraben die Utopien von Gauforen und Gauburgen, Ehrenplätzen, Aufmarschstraßen und gigantischen Armeekommandos unter sich.

TODESURTEIL DES VGH GEGEN JOSEF WALLIS
AUS SALZBURG WEGEN
WEHRKRAFTZERSETZUNG, 18. APRIL

Staatlicher Archivfonds der DDR, ORA/VGH,
3 J 444/44 DÖW 19.793/202

Der Angeklagte Josef Wallis hat in den letzten Jahren
regelmäßig den Feindsender gehört und sich im Herbst
letzten Jahres in schwer defaitistischer Weise geäußert.
Er wird deshalb zum Tode verurteilt. [...]

Seit 1941 hörte Wallis bei der ihm bekannten Familie
Micheler, mit der er im selben Hause wohnte, regelmäßig – wöchentlich ein- bis zweimal – die in deutscher Sprache verbreiteten Nachrichten des Londoner
Senders ab. Frau Micheler schrieb ihm außerdem
folgende Hetzverse auf einen Zettel, den er sich ver-
wahrte:

»Lieber Adolf!
Beende den Krieg und verzichte auf den Sieg,
nimm den Pinsel, fahr über die Insel,
sei auch so verrückt, mir ist es auch geglückt.
Heß.«

Er selbst überklebte die Einbanddecke des ihm ge-
hörenden Führerbuches »Mein Kampf« mit einem
Blatt und schrieb darauf »Mein Irrtum«. Dieser un-
würdigen Grundeinstellung und -haltung des Angeklagten entsprechen die folgenden Vorgänge, die den
Gegenstand der Anklage bilden:

Im Oktober 1943 führte er bei den Eheleuten Forstner
in Salzburg an mehreren Tagen Anstreicherarbeiten

am Gartenzaun aus. Vom ersten Tage an brachte er im Gespräch mit Frau Forstner die Rede immer wieder auf den Krieg und die Politik [...] Er äußerte, daß noch vor Weihnachten 50 deutsche Städte bombardiert werden würden. Als Frau Forstner darauf sagte, daß man dann wohl auch hier in Salzburg Angst haben müsse, erwiderte er, das sei nicht nötig, denn der Kaiser Otto weine in Amerika alltäglich sein Lied vor: »Haut mir mein Land nicht zusammen!« Dann wieder erzählte er, daß gestern das ganze Konsortium vom Führer, »diese Mordbanditen«, in Kleßheim beisammen gewesen sei und daß dies die Engländer heute früh um 8 Uhr schon gewußt hätten.

Seine Äußerungen waren in hohem Maße defaitistisch und in ihrer möglichen Auswirkung außerordentlich gefahrlich. Sie sind aber auch eines Deutschen unwürdig und entspringen ersichtlich einer staatsfeindlichen Haltung, in der Wallis nicht zuletzt durch das ständige Abhören feindlicher Sender bestärkt worden ist. Im fünften Jahre des großdeutschen Freiheitskampfes müssen Verräter seines Schlages unnachsichtlich bestraft werden. [...] Denn während die besten Söhne des Vaterlandes an den Fronten ihr Blut hingeben, kann für degenerierte Volksfeinde, die der kämpfenden Front in den Rücken fallen, kein Platz in unserer Mitte sein. Der Senat hat sich deshalb nicht in der Lage gesehen, von der gesetzlichen Ermächtigung zu einer Strafmilderung (§ 51 Abs. 2 StGB) Gebrauch zu machen, sondern hat auf die Strafe erkannt, die das Gesetz (§ 5 KSSVO) für das Verbrechen der Wehrkraftzersetzung grundsätzlich vorsieht: die Todesstrafe.

1935 bis 1937 wohnte er [Konrad Reinhardt] in Karlsruhe. Als damals infolge der sog. »Nürnberger Gesetze« die Zigeunerverfolgung begann und er mit seiner
Inhaftierung rechnen mußte, verließ er Karlsruhe mit
seiner Ehefrau und 4 Kindern in seinem Kraftfahr-
zeug, das er für den […] Handel hielt, um nach Österreich auszuwandern. […]

Im Zuge der damals laufenden Zigeunererfassung
wurden die Angekl. Reinhardt am 2. 6. 1939 in Salzburg angehalten und erfaßt, jedoch noch nicht festgehalten. Erst am 25. 10. 1939 wurde die Familie
erneut sistiert und nach Dorfgastein verbracht, wo sie
zusammen mit einigen anderen Zigeunerfamilien in
einer Scheune untergebracht und aus einer Gemein-
schaftsküche verpflegt wurde. Die Zigeuner durften
sich innerhalb des Dorfes frei bewegen und bestimmte
Arbeiten ausführen, jedoch die Ortsgrenze nicht über-
schreiten.

Dies änderte sich erst, als die Zigeuner am 13. 8.
1940 zu einem Sammeltransport zusammengestellt
und nach Salzburg überführt wurden, woselbst sie
zunächst provisorisch in der Rennbahn bei Maxglan
untergebracht wurden. Für jede Familie stand eine
der Pferdeboxen zur Verfügung, das Lagergelände war
mit Stacheldraht umgeben und am Tor durch Posten
gesichert. Die Verpflegung geschah aus der Gemein-
schaftsküche. Einen Ausgang gab es nicht. Die Unter-
bringung im Lager Rennbahn, wo sich insgesamt

ungefähr 250 Zigeuner befanden, dauerte jedoch nur 6 bis 7 Wochen. Im Herbst 1940, vermutlich im Monat Oktober, wurden sämtliche Insassen des Lagers »Rennbahn« in das Lager »Am Kräutlerweg«, Salzburg-Maxglan, verlegt, das inzwischen von den Zigeunern selbst errichtet worden war. Es bestand aus einzelnen Baracken, einem Verwaltungsgebäude für die Wachmannschaften, 1 Küche, 2 Wachtürmen und war mit einem Stacheldrahtzaun umgeben. Das Tor war ständig bewacht, Pendelposten sicherten die Umzäunung, bei Nacht besetzten zwei bewaffnete Posten die mit Scheinwerfern ausgestatteten Wachtürme.

Während die Frauen meist zu Arbeiten in der Küche und sonstigem Innendienst herangezogen wurden, wurden die arbeitsfähigen Männer und halbwüchsigen Knaben zum Einsatz bei der Glanregulierung verwendet. Der Lohn für diese Arbeiten floß in die Lagerkasse. Auf dem Weg zum Arbeitsplatz und zurück zum Lager wurden sie von bewaffneten Wachmännern begleitet, die aus Schutz- und Hilfspolizisten bestanden und sie insbesondere vor Verlassen des Lagers und bei der Rückkehr einer Leibesvisitation zu unterziehen pflegten. Den Wachmännern waren im Lager und bei der Arbeit sog. »Capos« behilflich, die ebenfalls Häftlinge waren und wegen des besonderen von ihnen genossenen Vertrauens für die Einhaltung von Ruhe und Ordnung verantwortlich gemacht wurden. Sie waren es meist, die die eigenen Mithäftlinge mißhandelten, denunzierten und sich dadurch eigene Vorteile sicherten. Die Kinder wurden von der Angekl. Winter als der intelligentesten und gebildetsten Lagerinsassin im

Schreiben, Lesen und Rechnen unterrichtet. Rosina Winter erhielt aus diesem Anlaß einmal die Erlaubnis, die Stadt zu besuchen, um eine Unterrichtstafel zu kaufen, als eine Lagerbesichtigung in Aussicht stand. Sonst sind Häftlinge nicht bekannt, die freie Ausgeherlaubnis erhielten, mit Ausnahme eines wohlhabenden Zigeuners namens Krems, der eines Tages in seine Heimat fahren und daselbst sein Hab und Gut unterstellen durfte. Kranke Lagerinsassen wurden zu Fuß zu dem 3 km entfernten Arzt geführt, doch nur, wenn mehr als 6 Krankheitsfalle vorlagen. Beim Gang zum Arzt wurden die Kranken streng bewacht.

Verstöße gegen die Lagerordnung, insbesondere Ungehorsam und jede Widersätzlichkeit, wurden mit Bunkerstrafen geahndet. Der Bunker bestand aus einem ehemaligen Schildwachhäuschen und war so klein, daß man darin kaum stehen und sitzen konnte. Der Lagerboden war moorig, sodaß man häufig bis zum Knöchel einsank. Der einzige Lagerabort war ungenügend, infolge des überlaufenden Kotes und Urins fast nicht betretbar und seine Umgebung ekelerregend. Der Lagerkoch Guhhold fuhr regelmäßig mit Knaben aus dem Lager zum Einkaufen. Dabei setzte er sich auch bei tiefem Schnee auf den Leiterwagen, den die entkräfteten Kinder ziehen mußten. Diese erhielten von ihm häufig Schläge, teilweise mit Stöcken und einer Peitsche. Auch erwachsene Lagerinsassen wurden geschlagen, so insbesondere die Tochter der Angekl. Winter und der Vater des Zeugen Eberle, der beinamputiert war und daher den Befehlen nicht rasch genug folgen konnte, weshalb er wiederholt,

meist von dem ihm übergeordneten Capo, zu Boden
geschlagen wurde, Besuchserlaubnis gab es nur in
Ausnahmefällen, abhängig von der Gnade der Wachmannschaften. Häufig wurden Insassen des Lagers in
die KZ nach Auschwitz oder Buchenwald abgestellt,
von wo dann in vielen Fällen Todesnachrichten ein-
trafen. Im Jahre 1943 wurde der größte Teil der Lagerinsassen nach Auschwitz in Marsch gesetzt, nur einige
wenige Familien, darunter die Angeklagten Reinhardt
und Winter, kamen in das Lager Lackenbach im Burgenland, nahe der ungarischen Grenze, das in einem
ehemaligen Gutshof untergebracht war und ähnlich
gesichert war wie das Lager Salzburg.

ARTURO TOSCANINI

(1867–1957)

»Ich hasse Kompromisse«: ein Abschied in
3 Telegrammen und einem Brief

Telegramm an Erwin Kerber, Staatsoper, Wien.
New York, 16. Februar 1938

DIE DERZEITIGEN POLITISCHEN EREIGNISSE IN ÖSTERREICH
ZWINGEN MICH MEINE TEILNAHME AN DEN SALZBURGER
FESTSPIELEN ABZUSAGEN. GRÜSSE.

TOSCANINI.

Telegramm an Ada Mainardi, Via Bruxelles 8 Rom.
New York, 20. Februar 1938.

HABE SALZBURG FÜR IMMER AUFGEGEBEN SEHR TRAURIG
ABER ES WAR UNVERMEIDLICH DU WIRST VERSTEHEN WARUM
(…) = ARTU ++

Telegramm an Bruno Walter, Staatsoper, Wien.
New York, 21. Februar 1938.

ZWECKLOS IHREN BRIEF ABZUWARTEN (…) MEINE ENT-
SCHEIDUNG WIE SCHMERZLICH AUCH IMMER IST ENDGÜLTIG
STOP. BEI MIR GIBT ES NUR EINE ART ZU DENKEN UND ZU
HANDELN. ICH HASSE KOMPROMISSE. ICH GEHE HEUTE UND
IMMER DEN GERADEN WEG, DEN ICH MIR IM LEBEN AUSGE-
SUCHT HABE. HERZLICHE GRÜSSE

(Red: Bruno Walter hatte Toscanini telegrafiert und
ihn gebeten zu warten, bis er den detaillierten Brief,
den er ihm schicken würde, gelesen hatte, ehe er einen
endgültigen Entschluss fassen würde.)

Brief an Ada Mainardi, Via Bruxelles 8 Rom.
Mailand, Samstag 2.4.1938

(…) Und weil ich gerade von Leuten und der Reinheit
ihres Geistes spreche, weißt du, wie viele Angebote
mich erreicht haben, seit ich Salzburg aufgegeben
habe – um ein neues Salzburg zu schaffen, zu gründen?
Aus Hollywood schickte mir Max Reinhardt ein dicht-
beschriebenes, zwei Seiten langes Telegramm um mir
mitzuteilen, daß Millionen bereits zur Verfügung
stünden für die Gründung eines neuen Theaters. Ich
sagte ihm dankend ab, mit der Begründung, daß man
in meinem Alter Sachen zu Ende bringt und nicht

etwas Neues beginnt. Holland machte gleichlautende Vorschläge (zwei davon). Die Schweiz. Jeder hat vergessen, daß ich in Salzburg war, weil Mozart dort geboren wurde, so wie ich zuvor in Bayreuth war, weil Wagners Theater dort war! Jeder sah das Geschäftliche, die Reklame für sich selbst; Poesie und Wertvorstellungen sind unzustellbare Briefe.

ALEXANDER MORITZ FREY

(1881–1957)

Hölle und Himmel

Wüste Welt und Narrentum! Hilfe, Torald!

Berg eins, Berg zwei, dazwischen lag die Stadt. Zwischen zwei Buckeln.

In ihr Leben einbezogen waren die beiden felsigen Hügel, diese beiden begrünten Steinblöcke. In gemessener Entfernung aber war die Stadt umstellt von Gebirgen. Die rückten bei Föhn verwirrend und bedrohlich nah; bei ruhigem Klarwetter ragten sie in heroischem Dunst; bei Regen und im Gebräu der dampfenden Trübung waren sie weggewischt.

Berg eins, Berg zwei …

Aber da war noch eine dritte begraste und bebaute Höhe. Die lag einigermaßen weit weg von den beiden andern – alle drei werden ihre Rolle spielen – und hinter dieser Anhöhe wuchtete Gestein empor, nackter Fels mit fahlen geisterhaften Flächen und mit blauen

Schatten in den Abgründen, im Sturz der Schluchten
…

Lag sie weit weg, diese Höhe? Mit einem guten Glas konnte man sie von Hügel zwei aus heranholen, und wirklich war dort ein Fernrohr aufgestellt. Es griff ohne große Mühe über das Dutzend Kilometer hinüber und trug ein grelles dreistöckiges Landhaus herbei, mit langgestreckten Nebengebäuden. Waren es Gebäude, waren es Mauern? Ebenmäßig geschnittene Löcher in ihnen sahen aus wie Schießscharten …

Sie und das übrige durch das Rohr zu betrachten ging bei einem gewissen Publikum mit feierlicher Schau vor sich und kostete zehn Groschen, Die Neugierigen kamen an Sonntagen aus ihrer alten engen Stadt empor, über ausgetretene Steintreppen, an Villen in Blumengärten vorbei, und vorbei an betagten Bauernhäusern mit Hühnerscharen in der Wiese – und dann standen sie also auf einer Art Feldherrenhügel und glotzten hinüber, zum heimlich angebeten Feind ihres Landes.

Hier oben war es still. Man hob die Stimme nicht über ein Murmeln, man warf sich Blicke zu, eh' einer dem anderen die Linse des Rohres frei gab, damit ein neues Auge hinüberschießen könne. Mann bückte sich vorsichtig, selbst die Kinder liefen mit gehemmten Beinen umher.

IRENE FÜRST

(∗ 1897)

Ich habe diese Stadt so geliebt!

Ich habe in Mährisch-Ostrau im Restaurant gearbeitet, bis ich 1923 heiratete. Dann bin ich noch zwei- oder dreimal auf Besuch nach Ostrau gefahren. Aber ich fand immer eine Ausrede, daß ich nicht aus Salzburg weg mußte. Ich liebte Salzburg so sehr! Wenn mir jemand sagte: »Mach doch einmal Urlaub!« Dann antwortete ich immer nur: »Ich bin ja schon im Urlaub. Ich brauche gar nicht wegfahren!« Ich wollte nie aus Salzburg weg. Ich liebte es. Es war eine so schöne Stadt. Ohne die Salzburger wäre Salzburg überhaupt die schönste Stadt der Welt …

Ich kannte meinen Mann vorher nicht, aber ich kann gut in Gesichtern lesen. Ich riskierte nichts. Er war älter als ich, aber vom Temperament her war er 20 Jahre jünger als ich. Denn er wollte sofort gehen, als die Nazis kamen, und ich wollte nicht fort aus Salzburg.

16 Jahre habe ich in Salzburg gelebt. Es war ganz anders als Ostrau, eine wunderschöne Stadt. Wir wohnten in der Linzergasse Nr. 5, in einem sehr alten Haus. Mein Schwiegervater hatte es im vorigen Jahrhundert gekauft. Im Sommer war es oft so kalt, daß die Kinder einen Pullover anziehen mußten. Wenn wir am Samstag Fleisch für das Sonntagsessen einkauften, legten wir es einfach auf die Kellerstiege. Es war so kalt dort, wir brauchten gar keinen Kühlschrank.

In Salzburg arbeiteten die Leute ja gar nicht wirklich. Jeder sperrte ja damals um zwölf Uhr mittags zu und erst um zwei Uhr wieder auf. In der Mittagszeit ging ich auf den Mönchsberg. Um sechs Uhr abends haben wir wieder zugesperrt, und zwar pünktlich. Und um fünf nach sechs stand das Essen auf dem Tisch. Mein Mann hat gepfiffen, und das Hausmädchen wußte, jetzt muß sie das Essen servieren. Wir aßen fünf Mahlzeiten pro Tag: Frühstück, Gabelfrühstück, Mittagessen, Jause, Abendessen. Also, wir haben wirklich nicht sehr schwer gearbeitet.

Jeden zweiten Abend gingen wir in den Stieglkeller zum Essen, da kaufte man sich ein Krügl Bier und brachte das Essen von zu Hause mit. Man war so frei damals, es war eine andere Welt im wahrsten Sinne des Wortes. Es war so gemütlich! Es gab kein Fernsehen, aber wir hatten ein Radio mit Kopfhörern. Uns war nie langweilig. Wir bekamen Besuch, luden Leute zum Abendessen ein, sangen. Musik war sehr wichtig. Mein Mann war sehr begabt. Er spielte kein Instrument, aber er kannte alle Opern und Operetten auswendig.

Im Café Bazar waren wir auch sehr oft. Aber ich wollte nie länger als bis elf Uhr bleiben, obwohl ja das Kindermädchen bei den Kindern war. Zu Hause in Ostrau hatte ich nie länger als bis 11 Uhr aufbleiben dürfen. Ich war längst eine verheiratete Frau, aber ich hörte noch immer meinen Vater! ...

Das Geschäft ging nicht besonders gut. In Österreich war es damals nicht so leicht, die Leute konnten nicht bezahlen. Am Land waren die Leute immer schon sehr arm. Man sagte damals gerne: »Salzburg-Land ist steinreich. ja, reich an Steinen!« Bei jeder fälligen

Rechnung hatte mein Mann Schwierigkeiten, das Geld einzutreiben. Wir mußten immer wieder mahnen, aber es fehlte uns an nichts. Salzburg war ja noch gut dran, da kamen wenigstens die Touristen. Aber auch die kamen nur vier Wochen lang, dann war die Blüte vorbei.

Nach vier Jahren Ehe hielt ich das Nichtstun nicht mehr aus, und außerdem wollte ich ein Taschengeld haben. Mein Mann überließ mir den Raum im Erdgeschoß und verlegte den Großhandel in den ersten Stock. Und weil es so viele Touristen in Salzburg gab, eröffnete ich ein Geschäft für Lederwaren. Das waren kleine Dinge, Geldtaschen, Etuis, hergestellt in Italien, aber mit dem Aufdruck» Salzburg«. Ich kaufte die Ware von einem Vertreter, und das Geschäft ging sehr gut.

Beim »Anschluß« 1938 sind die Leute aus dem Fenster gesprungen. Der Führer kam, und die Leute waren so verzweifelt, daß sie sich aus dem Fenster gestürzt haben. Meinen Mann haben sie ins Gefängnis gesteckt. Ich stand an der Tür, als die zwei Männer kamen und sagten: »Wir bringen ihn weg!« »Warum?« fragte ich. »Warum denn?« Es gab in Salzburg eine »Chewra-Kaddischa«, und mein Mann stand auf der Liste. Deshalb holten sie ihn ab.

Es gab damals vielleicht 50 jüdische Familien in Salzburg. Wir waren eine sehr kleine Gemeinde und blieben meist für uns selbst. Man hat uns ja nicht akzeptiert, überall hatten wir Schwierigkeiten. Im Restaurant, in der Straßenbahn, immer war da einer, der unbedingt »Jud!« sagen mußte. Wie auch immer, sie haben meinen Mann gleich geholt und meinen

Bruder ebenfalls. Jeden Tag mußte ich auf ein Amt gehen, dort holte ich mir eine Besuchserlaubnis, damit ich meinen Mann sehen konnte. Und als ich ins Gefängnis kam, fragte mich der Wärter: »Wieso ist Ihr Mann hier?« Ich sagte: »Na, wenn Sie es nicht wissen? Er ist ein Jud!« Sagt er: »Das gibt's doch nicht!«

Wir hatten damals im Geschäft einen Verwalter. Jeder bekam einen kommissarischen Verwalter aufgezwungen, unserer war ein alter Mann namens Kraus. Ich verkaufte tagsüber, und abends kam er und holte sich das Geld. Ich hatte gar keine andere Wahl, als mein eigenes Geld zu stehlen!

Im vierten Stock hatten wir eine Mieterin. Ich erinnere mich nicht mehr an den Namen. Wenn ich sie im Stiegenhaus traf, dann drehte sie das Gesicht zur Wand und kehrte mir den Rücken zu. Sie haßte mich ohne Grund. Später, in der »Kristallnacht«, hat ihr Sohn dann mit einem Laster unser Schaufenster durchbrochen und die Auslage geplündert. Sie haben nichts zurückgelassen, was nicht niet- und nagelfest war. Im Geschäft war nichts mehr, gar nichts. Ich erinnere mich, wie eine Bekannte meines Mannes, eine Schneiderin aus Fuschl, nach der Kristallnacht in das Geschäft kam. Ich zeigte ihr die Bescherung und sie sagte: »Das ist doch nicht möglich!«

Aber es war möglich! Ich traute den Deutschen nicht. Und den Österreichern schon gar nicht. Die Österreicher waren viel schlimmer als die Deutschen.

Damals habe ich gedacht, ich kann all das vor den Kindern verbergen. Sie sollten nicht merken, daß ihr Papa im Gefängnis ist. Irgendwie war ich blind und glaubte, sie sehen auch nichts. Dabei haben sie alles

genau mitbekommen. Ich lebte damals wie eine Schlaf-
wandlerin. Ich weiß auch nicht mehr, wie lange mein
Mann im Gefängnis war. Wochen? Monate?

Einmal ging ich zum Gefängnis, da war eine Frau,
der man keine Besuchserlaubnis gegeben hatte. Und
sie biß den Wärter, weil der sie nicht einlassen wollte!
Da sagte ich mir: »Wenn sie den Polizisten beißen
kann, dann kann ich das auch, wenn es sein muß!«
Aber er hat mir den Besuchsschein auch so gegeben ...

Dann brachte man meinen Mann nach Dachau.
Jeder, der ein Affidavit hatte, konnte entlassen werden.
Ein Bekannter half uns, und mein Mann durfte gehen.
Aber ich weiß eigentlich nicht mehr, wie ich das alles
durchgestanden habe. Es war nicht leicht, ruhig zu
bleiben, rings um uns waren nur Feinde. Jüdische
Bekannte, die ein Affidavit hatten und die man aus
ihren Häusern geworfen hatte, kamen zu uns und
übernachteten bei uns ...

Dann wurde mein Mann endlich aus Dachau entlassen, aber er sprach nie ein Wort darüber, wie es
dort war. Auch nicht über die Zeit im Gefängnis. Vielleicht hat man ihm gedroht, daß es ihn das Leben
kostet, wenn er redet. Ich weiß es nicht. Ich habe ihn
nie gefragt, wie es war, was er durchgemacht hat. Ich
bin irgendwie geschwebt, hatte die Füße gar nicht
wirklich am Boden. Ich hab es wie der Vogel Strauß
gemacht: Augen zu und niemand kann dich sehen!

Bevor wir nach Amerika gingen, durften meine
Kinder ein paar Monate lang nicht mehr in die Schule
gehen. Die Lehrerin sagte mir zum Abschied: »Ihre
Kinder sind die besterzogenen in der ganzen Klasse!«

Ich konnte sie dann in einer katholischen Schule unterbringen, und die Nonnen waren sehr gut zu ihnen.

Ich habe nie mit meinen Kindern über die Zeit in Salzburg gesprochen. Ich dachte immer, wenn es sie interessiert, werden sie schon fragen. Und wenn nicht, warum soll ich sie dann mit diesen unerfreulichen Dingen belasten?

Salzburg bedeutet mir nichts mehr. Ich habe es so geliebt, aber das ist vorbei. Ich war nach dem Krieg in Europa, aber nie mehr in Salzburg. Ich konnte einfach nicht, ich hatte Angst, daß ich jemanden umbringen könnte. Ich habe den Vorhang zugemacht und ihn nie mehr geöffnet.

Wenn Sie nach Salzburg kommen, gehen Sie zu meinem Geschäft, Linzer Gasse Nr. 5. Gegenüber ist ein Restaurant, und gleich neben dem Geschäft ist eine Apotheke. Und dann gehen Sie hinunter zum Platzl. Ist da noch das Käsegeschäft? Ich erinnere mich so gut, es hat immer zum Himmel gestunken! Stellen Sie sich aufs Platzl und riechen Sie! Und alles, was ich erzählt habe, wird sich zu einem Bild zusammenfügen. Da haben Sie mein Leben.

ARTURO TOSCANINI

(1867–1957)

Salzburg war wunderbar

Brief an Ada Mainardi, Villa Sella, Cortina d'Ampezzo.
München, 2. September 1935.

Mein einziges, angebetetes Wesen
Der unangenehme Teil dieses Flugs ist der Aufenthalt
von einigen Stunden hier unter den Deutschen, aber
heute heiße ich es gut. Es ist ein schöner Tag! Seit
einigen Tagen scheint die Sonne vortrefflich. Salzburg
war wunderbar in diesen letzten Tagen – nicht eine
Wolke am Himmel. Ich genoß das Licht, die Luft und
den Frieden auf der Terrasse des entzückenden Häus-
chens, in dem ich wohnte, denn ich war allein, ganz
allein, viele Stunden lang. Diese Terrasse liegt wie im
Mittelpunkt eines Kreises, daher erfreute ich mich an
der Süße des Morgens, dem Glanz des Mittags, und
der herrlichen Pracht des Sonnenuntergangs. Du soll-
test mich sehen – ich bin so braun, wie wenn ich am
Strand oder hoch oben in den Bergen gewesen wäre.
Wie ich an dich dachte, meine Ada! Ich dachte, wie
göttlich schön es gewesen wäre, uns in jedem dieser
höchsten Momente zu lieben. Zu genießen, anzubeten, still zu sein! Zu lieben! (…) Ich wußte, daß du
Fidelio hören würdest; ich weiß nicht, ob du spürtest,
wie das Feuer während des ganzen Abends durch
mein Blut lief. Ich wollte dir gefallen. Die Vorstellung
war einzigartig in ihrer Wärme und Überschweng-

lichkeit, seitens aller Beteiligten. So schien es mir, und anderen ebenfalls. Alle waren bewegt. Nächstes Jahr dirigiere ich dieselben Opern, dazu die Meistersinger. (…)

HILDE SPIEL

(1911–1990)

Salzburger Nacht

Die Nacht floß kühl durch die Straße. In der frischen Luft kam Pierre zu sich. Wir standen vor der Staatsbrücke; ihre Lichter spiegelten sich in der Salzach wider. Auf dem anderen Ufer zogen sich die niedrigen Häuser hin, italienisch mit ihren flachen Dächern, im berückenden Frühbarock. Über all dem erhoben sich Türme, die beiden des Doms, die gotische Spitze der Franziskanerkirche und der Zwiebelturm von Sankt Peter. Wir gingen über die Brücke und durch das Stadttor in die dunklen Gassen hinein. Ach, die Simse und verzierten Fenster, die stillen Höfe, die marmornen Bauten und Brunnen! Über einen davon standen wir gebeugt, Pierre befeuchtete seine Stirn, wir tauchten unsere Hände in das laue Wasser. Pferde spien es aus, über zwei Schalen sprang es herab in das Becken. Ich nahm Theresens Arm und ging mit ihr voran. In ihren feuchten Augen schwammen die Straßenlaternen, an denen wir vorüberkamen. Schweigend betrachtete ich sie. Was Pierre gesprochen hatte, war längst verhallt.

Wie loderten nicht mehr; wir waren umhüllt von einem sanften Feuer.

»Ist es nicht schön«, sagt Therese vor sich hin, »wenn man den Sinn von Wörtern wiederfindet, die man schon hat verachten müssen? Es geschieht so selten, daß sie einem wieder geschenkt sind.«

»Und welches Wort –«

»Das von der gefrorenen Musik. Man würde nicht mehr wagen, es auszusprechen. Aber hier, vor diesen Häusern –«

Die anderen waren zurückgeblieben. Ich nahm sie an den Schultern. Langsam strich ich das Haar aus ihrer Stirn und sah sie an, die nun unverhüllt war. Ich erschrak vor diesem Gesicht. Es war, als läge die Seele nackt auf diesen sanften Zügen.

»Therese –«

»Ja – Vincent –«

Die anderen kamen näher. Wir wandten uns eilig um, als hätte man uns ertappt. Pierre blickte böse vor sich hin.

»Wir gehen in's Bazar«, rief Gundel. »Da sollen Sie ein Kaffeehaus kennenlernen, wie man sich's gemütlicher nicht denken kann.«

Wir anderen wagten nicht zu atmen. War es möglich, daß sie nichts begriff von der Spannung, die zwischen uns lag, als zuckten unsichtbare Blitze durch die Wolken?

Oder wußte sie davon und wollte sie fortwehen mit ihren Händen, wie man Rauch vertreibt?

Wie liefen zur Salzach zurück und gelangten über eine Brücke auf die Gartenterrasse am Ufer, die erfüllt war von Lärm und lauten Stimmen.

Irgendwo in dieser Stadt konnte man jetzt den Fidelio hören, wie auf dem Festspielplan an der Wand zu lesen war. Aber die hier saßen, schienen weit von solcher gläubigen Tiefe entfernt. Man mochte meinen, die Cafés aller Länder hätten ihre Vertreter entsandt. Da fehlte nicht der Jüngling mit dem langen gelben Haar, nicht die ältliche durstige Amerikanerin, nicht der Kunstjünger mit wehender Schleife. Gewiß gab es auch schöne Menschen, doch häufiger als solche sahen wir ehrgeizige Matronen an der Spitze ihres Tisches, langnäsige Kritiker und kümmerliche Mädchen, die ohne Unterlaß zu den Schauspielern hinüberstarrten. Diese wieder dehnten sich gespreizt vor ihrem Kaffee, in Gebirgstracht verkleidet, ob sie nun verschwommene oder scharfgefaltete Gesichter hatten.

ERICH KÄSTNER

(1899–1974)

Ein Regentag im Café

Reichenhall, 23. August, nachts
Die vorige Notiz schrieb ich heute Nachmittag im Tomaselli, Salzburgs ältestem Kaffeehaus; es dürfte fast so alt sein wie das Kaffeetrinken in Europa. Vorher hatten wir im Mirabellgarten gesessen, zwischen bunten Blumenbeeten, steinernen Löwen, Einhörnern, Halbgöttern und deren barock geschwungenen Damen.

Auf dem Rückweg erwischte uns ein handfester Platzregen. Wir stürzten im Dauerlauf über die Brücke, an dem zierlichen Rokoko-Rathaus und am Floriansbrunnen vorbei, hinein in das völlig überfüllte Café! Im ersten Stock fanden wir schließlich zwei Stühle. Nicht gerade an einem Tisch, aber an einem Billard, das von dem Kellner geschwind mit einem Tischtuch bedeckt wurde.

Und wir hatten Karten für die ›Jedermann‹-Aufführung auf dem Domplatz! Der Regen prasselte spöttisch gegen die Fenster. Karl las mir die Rückseite des Billetts vor. Der wichtigste Passus lautete: »Bei Jedermann-Vorstellungen erlischt jeder Ersatzanspruch – also auch auf teilweise Rückzahlung des Eintrittspreises – wenn die Vorstellung infolge Witterungseinflüssen abgebrochen werden muß, falls die Vorstellung bis zur ›Tischszene‹ gespielt wurde.«

Ich sagte: »Wenn wir keine Pressekarten hätten, könnten wir uns die Eintrittsgelder zurückzahlen lassen.«

»Seit du kein Geld hast, bist du ein Geizhals geworden«, stellte Karl betrübt fest. »Übrigens findet die Aufführung trotzdem statt, und zwar im Festspielhaus.«

Vom Nebentisch, genauer: vom Nebenbillard aus, mischte sich ein Mißvergnügter ein: »Die Festspiele sind fast zu Ende, und nicht eine einzige Aufführung hat vor dem Dom stattfinden können! Jedesmal hat es geschüttet.«

»In Salzburg«, meinte Karl, »regnet's immer mehr als anderswo, aber im August regnet es in Salzburg täglich.«

»Weil da die Festspiele sind!« Der Nachbar war mit der Welt zerfallen.

Der Nachbar dieses Nachbarn sagte: »Die Fremden kommen, auch wenn's täglich regnet. Es ist mal was anderes. Ich vermute, es regnet hauptsächlich, damit die Kaffeehäuser überfüllt sind.« Dann steckte er seine Nase in das ›Neue Wiener Journal‹.

Ich seufzte und erklärte, da ich an Konstanze dachte: »Konditor in Salzburg hätte man werden müssen!«

Karl musterte mich unauffällig wie ein Arzt, der dem »neuen Fall« auf der Beobachtungsstation zum ersten Mal begegnet.

Später warfen wir uns in seinem Zimmerchen in unsere Smokings; und als es Zeit war, eilten wir, vom Regen gehetzt, zum Festspielhaus. Die Einheimischen standen trotz der »Witterungseinflüsse« wie die Mauern und bestaunten, heute wie jeden Abend, das Schauspiel vor dem Theater: das Anrollen der Autos, das Aussteigen der in Pelze gehüllten Damen, das hilfreiche Benehmen der Herren, den Transport der Kulissen, und was sich sonst dem Auge bot.

(Heuer besuchten an prominenten Gästen die italienische Kronprinzessin, der Herzog und die Herzogin von Windsor, die Frau des Präsidenten Roosevelt, der amerikanische Bariton Lawrence Tibett, der Maharadscha von Kapurthala, Herr Metro-Goldwyn-Mayer und Marlene Dietrich das Theater; von Karl und mir ganz zu schweigen.)

Hofmannsthals ›Jedermann‹, diese gelungenste aller Mysterienspiel-Bearbeitungen, hat mich wieder erschüttert. Hier vollzieht sich, im Gegensatz zu Goethes

›Faust‹, wirklich ein Schauspiel, das jeder versteht, ob er nun aus USA, aus China oder von den Fidschi-Inseln kommt, und das jeden ergreift. Die Handlung, die Entwicklung des Helden, die Schuld und die Gnade, alles ist augenfällig und packt auch den, der vom Wortlaut keine Silbe versteht.

MARIA RIVA

(∗ 1924)

Mit der Dietrich im Dirndl

Wir fuhren nach Salzburg. Dieser blumengeschmückte Alpenort war die beste Werbung, die Österreich je hatte. Salzburg war vollkommen – mit Dornröschen-schloß und verzierten Mozartbrunnen. Kultur sickerte aus jedem Riß im Kopfsteinpflaster. Eine solche Operettenszenerie verlangte natürlich nach entsprechender Kostümierung; wir suchten Lanz auf, den weltweit besten Schneider für Tiroler Trachten: Dirndl, Umhänge, Hüte, Jägerjacken, Röcke, mit Rüschen besetzte Bauernblusen, Silberknöpfe aus Münzen oder Hirschhornknöpfe, und auf allen Kleidungsstücken Stickereien mit Motiven der Alpenflora und -fauna. Man hätte damit zehn Theaterensembles für die Operette *Der Bettelstudent* ausrüsten können, ohne den Lagerbe-stand merklich zu verringern. Meine Mutter brauchte für die Verwandlung nur wenige Minuten. Nun trug sie einen dunkelgrünen Lodenrock, ein schwarzes, maßgeschneidertes Jackett mit einem auffallenden flaschen-grünen und festonierten Kragenaufschlag und Silber-knöpfen. Flaschengrün war auch der kecke Veloursut mit dem prächtigen Gamsbart. Sie sah aus wie eine sehr vornehme österreichische Bürgermeistersgattin. Tami und ich kamen weniger gut weg.

»Bitte, Muttilein! Ich kann doch nicht all diese wunderschönen Sachen tragen! Sie sind viel zu teuer!« flüsterte Tami meiner Mutter mehrmals zu, die ihr immer wieder neue Kleidungsstücke in die Umkleidekabine reichte.

»Tami, mach dich nicht lächerlich. Du kannst nicht wie eine Wiener Dame oder eine Touristin durch Salzburg spazieren. Zieh das blaue Dirndl mit den Puffärmeln und der rotgestreiften Schürze an und komm heraus, damit ich dich anschauen kann!« Dann konzentrierte meine Mutter sich auf mich.

»Engel, schon wieder eine Nummer größer? Das ist doch nicht möglich. Komm heraus und laß mich dich sehen!«

Hinter meiner Mutter hatte sich inzwischen ein Halbkreis faszinierter Kunden gebildet, die sichtlich genossen, wie meine Mutter ihre Begleiterinnen aus-stattete. Ich präsentierte mich – und kam mir wie ein zu dicker Teewärmer oder ein irregeleitetes Milch-mädchen vor! Ich war sicher, daß ich die Zuschauer kichern hörte.

»Ja, das Mieder ist viel zu eng. Steh gerade! Durch schlaffe Haltung kannst du nichts verbergen, sondern machst alles nur noch schlimmer. Vielleicht finde ich etwas in einer dunkleren Farbe! Zieh das hier wieder aus und warte!« Sie rauschte davon, offenbar entschlossen, das Unmögliche zu vollbringen. Auch mein Vater beteiligte sich an den Verwandlungen. Nur einmal weigerte er sich, als er Lederhosen mit edelweißgeschmückten Hosenträgern anziehen sollte. Als wir endlich wieder auf die Straße traten, sahen wir aus wie die Familie Trapp auf Tournee. Von da an lief jeder Besuch in Salzburg nach diesem Muster ab. Unserer Gepäckliste wurde ein neuer Schrankkoffer hinzugefügt, der die Aufschrift »Österreich – Salzburger Spezialitäten« trug. Wir reisten jedes Jahr dorthin und spielten »Milchmädchen auf der Butterblumenwiese«, bis Hitler Österreich besetzte.

Mein Vater stellte die kulturellen Aktivitäten zusammen, die er für unsere Bildung vorgesehen hatte. Ich erfuhr, daß wieder einmal ein Konzert mit einem Streichquartett für uns vorgesehen war – natürlich mit Mozart. Mozart, Mozart, Mozart! Nicht schon wieder! Ich gab mir solche Mühe, Mozart zu mögen! Alle waren von seiner Musik verzaubert. Mit mir mußte etwas nicht stimmen, weil ich dabei regelmäßig einschlief. Da man allgemein gut gelaunt war, bat ich um Erlaubnis, im Hotel bleiben und früh zu Bett gehen zu dürfen.

BETTINA BALÀKA

(* 1966)

Als Kind ein Spaziergang bei Hellbrunn

der Herbstgeruch nach
gebrannten Kartoffeln
auf einem sonnigen
windigen Feld

und die Krähe
das angeschossene Geschenk
eines Bauern
sitzt steif in ihrem Gefieder:
ein für die Trennung
zu heilender Freund

es gibt immer eine Allee
die in eine duftende
Koppel mündet
voll frischer und
modernder Späne

es gibt immer ein Zuhause
mit Kastanienketten
einen von Herbstblättern
knisternden Ort

(1902–1942)

Blamage in Hellbrunn

O Paris Lodron, Marcus Sitticus und Wolf Dietrich von Hohenems! Wie war sie schön. Eine Einheimische, eine Salzburgerin. Sie war aus Elfenbein geschnitzt, die Augen waren offenbar Amethyse, und ganz, ganz feiner Golddraht hing in einer winzigen Welle unter dem schwarztaftenen Kopftuch hervor. Schwer, schwarz, unnahbar knisternd auch das übrige Salzburger Dirndl, schwarz die winzigen Sämischpumps unter den weißen Strümpfen. Sie schlurrte nicht. Ich sah es jetzt ganz deutlich, die Kieskörner verschoben sich kaum unter ihren hohen Absätzen.

Sie würdigte mich keines Blickes und hatte ganz recht. Zwar hatte ich meine abgewetzte kurze Haferlhose und den schmierigen Leinenjanker oben in meinem Kammerl (im Hintertrakt eines bescheidenen Hotels) gelassen und trug den netten hellgrauen Sommeranzug, den Harry, der Kabarettschauspieler, mir bis zum Abend geborgt hatte.

Mein Herz schlug gewaltig. Sicher gefiel ich ihr auch, denn sie hatte mich angerempelt. Gerade mich. Nicht den Herrn mit den weißen Knickerbockers aus Leinen oder sonst wen, sondern mich. Es war ja auch das einzig mögliche diskrete Zeichen beginnenden Interesses …

Wie betäubt schlurfte ich dem Rudel nach, sie ging jetzt als letzte in der Masse. Und ich dachte, nein, es dachte in mir: »Man müßte sofort die Festspielleitung anrufen – und mehr als einen Schilling kann das nicht kosten – und nicht rasten und ruhen, bis einer der Herren selbst zum Telephon kommt! Sie sollen Festspiel-Briefmarken herausbringen, mit ihrem Kopf, mit ihrem Köpfchen drauf! Da lassen sie dieses Kleinod, diese Alpen-Gazelle herumlaufen und hätten die herrlichste Reklame bei der Hand! Wie heißt sie? Veronika, Freiin von …? Walpurga zu … ? Du Antilope an den Wassern …«

Es nützte nichts, daß ich mir immer und immer wieder vorsagte: »Nicht dichten! Denken! Denken! Was könnte man in der Eile tun, um nur einen Blick, ein Nicken zugestanden zu bekommen?« Was wollten die? Ah ja, sie drängten gerade in die »Kronengrotte« hinein. Auf mittelhohem Sockel liegt eine zarte Zackenkrone, die aus Goldblech sein könnte. Und plötzlich steigt ein stiller, kunstbewußter Wasserstrahl unter ihr empör, hebt die Funkelnde hoch empor, gerade und fast regungslos schwebt sie unter den Tropfsteinen der Decke, vom dienenden Wasser balanciert … Der Diener sah mich so merkwürdig an … Vielleicht ahnte er, daß ich hinspringen wollte, just in dem Augenblick, da der Wasserstrahl mit der Krone sich verkürzte … Und die Krone packen und der Gazelle, der Herrlichen, aufs Kopftüchlein drücken. Sicher eine barocke, aber eine stilechte Huldigung …

Vorbei. Wasserstrahl, Gelegenheit, alles. Jetzt sind wir schon auf dem Rückweg, die Najade trägt noch immer ihr Taffetdirndl, ungekrönt. Ein Becken haben wir vorhin übergangen. Da springen aus den Bassinecken, aus den Kanten der Stufen, die flach und zierlich direkt ins Wasser führen, aus den Geweihen patinierter Hirschköpfe feine, herrliche Wasserstrahlen in tadellosen Parabeln ins Bassin, kaum plätschernd, geräuschlos in ihrer Virtuosität und Wohlerzogenheit. Die Einzige betrachtete wohlgefällig das silberne Spiel ... Und ich hatte nichts, gar nichts zu geben, zu zeigen ..., haltaus, zu zeigen? Eines konnte ich: beweisen, daß ich mich dem Rahmen einzufügen wußte, daß ich Rhythmus und Skulpturgefühl besaß, daß ich hereinpaßte! Und in einer graziösen Pose, um die mich selbst Harald Kreuzberg hätte beneiden können, trat ich auf die erste Bassinstufe ..., dorthin, wo es bereits verboten ist. Und glitschrig.

Berührte liebkosend den einen Wasserstrahl mit dem leicht gebogenen Zeigefinger, nahm eine Miniaturdouche, wie ein Kavalier aus der Zeit des großen Wolfgang, da dieser seinen »Don Giovanni« schrieb und Casanova den Schlüssel zum Musikzimmer abgezogen hatte ...

... und glitschrig sind die Stufen dort. Einen Augenblick lang sah ich blaugrüne Schleier, ich gurgelte Salzach oder so etwas, und dann tauchte ich wieder auf. Das Wasser reichte mir nur bis zu den Hüften, war aber kälter, als man denken sollte. Es war auch leicht auszuspucken und aus den Augen zu wischen, bloß nützte das nichts, von allen Seiten spritzte es silbrig und gar zierlich nach, der Chaplin-Diener hatte es nicht so schnell abstellen können ...

Es ist merkwürdig, aber das fröhliche Geheul, das beifällige Gelächter, die entzückenden Jubelrufe entnahm ich nur den Gesten der Umstehenden. Klar und messerscharf, wie herauspräpariert, hörte ich nur zwei Frauenbstimmen:

»Susie, come here!«

Das sprach eine wuchtige Dame mit abgeflachten Brillengläsern und einem meergrünen Georgette-kleid, das jünger war als sie ... Und die Gazelle, meine Najade, das Enziankleinod über den Wassern, ging zu ihr und sagte mit lächelndem Silberstimmlein:

»Poor fool ...«

Also Susie heißt sie und ist eine Amerikanerin. Falsch sind die Amerikanerinnen. Nicht einmal eine Einheimische. Und ich wäre bereit gewesen, mir von einem der Prominenten eine Laute auszuborgen, so eine Laute, wie sie etwa im »Jedermann« mitspielt, und der Alpen-Gazelle ein Ständchen zu bringen. Und hätte ich um Mitternacht am Petersfriedhof vor-beischleichen müssen, und hätten in den Nischen aller Barockportale Don Giovanni, Mephisto und von mir aus Ochs von Lerchenau mit blanken, mond-silbernen Galanteriedegen gelauert, das wär's mir wert gewesen. Susie aus Milwaukee oder Oklahoma. Im schwarzen Taffetdirndl, im Herzen kühles Hell-brunn. Vielleicht kommt Susie heuer wieder zu den Festspielen. Als Österreicher wünsche ich es offiziell. Aber eins mag sie wissen:

Voriges Jahr hätte ich mich für sie selbst in den – sicherlich wasserreicheren – Niagara geworfen, viel-leicht hätte ihr das imponiert, eben der Größe wegen.

Heuer aber gehe ich erst gar nicht nach Hellbrunn.

I'm sorry, Miss Susie ...

STEFAN ZWEIG

(1881–1942)

Salzburg

Ich weiß, schon dies ist schwer, mittels des bloß
schildernden Wortes die sinnliche Anschauung eines
Bildes, eines Menschen, eines Kunstwerks geben zu
wollen und noch unendlich schwieriger der Versuch,
das Profil eines so komplexen Gebildes wie das einer
Stadt, gleichsam in die leere Luft zu zeichnen. Dennoch möchte ich es versuchen, denn der Name der
Stadt Salzburg ist ja in den letzten Jahren europäisch
geworden dank des Erfolges der allsommerlich ver-
anstalteten Festspiele, mancher mag Neugierde nach
dem Wesen dieser vielbesprochenen Stadt haben,
und so versuche ich für diejenigen, denen Reise und
Anwesenheit nicht möglich ist, mit dem Wort eine
flüchtige Anschauung von der Eigenart dieser österreichischen Stadt zu geben, die Humboldt, der große
Weltfahrer, unter die drei schönsten der ganzen Welt
einreihte.

Jede Art der Schönheit auf Erden hat nun ihr besonderes, ihr einmaliges Gesetz, sie ist gleichsam
eine harmonisch gelöste Gleichung aus mehreren
Faktoren. So beruht auch die Schönheit einer Stadt
niemals einzig bloß auf ihrer Architektur, sondern
immer zugleich auf einem besonderen Verbundens-
ein mit der Natur, auf der gelungenen Vermählung des
Menschlich-Schöpferischen mit dem Gottgegebenen, –
sie muß in die Natur von dem anonymen Werkkünstler
eingefügt werden wie das Bild in den Rahmen. Zu

diesem völligen Eingehen in Natur braucht nun eine Stadt Verbundenheit nicht bloß mit einem Element, sondern mit allen Elementen, mit Wasser, Erde und Luft. Wasser erhöht das Lebendige einer Stadt, und es gibt vielleicht keine vollkommen schöne Stadt ohne Gegenwart von Gewässern, sei es, daß sie als Strom Schiffe und Bewegung die harten Ufer entlang führen, sei es, daß sie als Meer das herrliche Bild der Unendlichkeit ihr spiegelnd entgegenhalten, Bewegung muß in jeder Landschaft sein, und auch die Erde, wenn sie sich zu Hügel und Bergen, zu Felsen und Schroffen ballt, gibt jeder Architektur erst Hintergrund und Übersicht – eine Stadt ganz im Flachland, ohne Wasser und Berge, kann nie völlig sich zur Schönheit entfalten. Und drittens braucht eine Stadt, um schön zu sein, Luft und Atem um sich, das heißt freien Zugang für den Blick, breite Plätze, schöne Prospekte, die ihre Formen voll und plastisch hervortreten lassen.

JOCHEN WOLFF & ARMIN DIEDRICHSEN

(* 1945 / * 1955)

Welttheater und Nockerln – Die Salzburger Festspiele

Die kleine verschlafene Stadt Salzburg wurde 1920 zu einem Brennpunkt, in dem die verschiedensten künstlerischen Absichten zusammentrafen, zu einer »Stätte des großen Welttheaters« (letztlich abgeleitet aus der umfassenden Barocktheater-Konzeption Calderón de la Barcas). Denn hier, »im Herz vom Herzen Europas«, wie es Hofmannsthal nannte, schienen optimale Voraussetzungen gegeben: Die Baufreude erzbischöflicher Tradition hat der Stadt einen Reichtum an Kirchen, Palais, Plätzen, Gassen und Brunnen hinterlassen und damit die nötige Aura für das Theatergeschehen geschaffen. Gewiss hatte dieses Ambiente von vornherein seinen Preis: »Seit den ersten Jahren seines Bestehens war Salzburg Treffpunkt der Wohlhabenden und der gehobenen Gesellschaft, die viel Geld dafür ausgaben, vor der außergewöhnlichen Kulisse dieser Stadt Konzerte, Opern und Theateraufführungen mitzuerleben, die nicht ihresgleichen hatten. 1920, im Gründungsjahr, war Salzburg eine recht verschlafene Stadt mit etwa 30.000 Einwohnern gewesen.«

Vor diesem Hintergrund machte Max Reinhardt Salzburg zur »Stadt als Szene«, zum würdigen Experimentierplatz seiner Inszenierungen, bevor diese den Weg über die Bühnen der Welt antraten. Aber noch in einer anderen Weise wirkte die Tradition dieser Stadt auf die Festspiele: Sie ist Geburtsort und langjährige Wirkungsstätte Mozarts, dessen Werk nach wie vor das zentrale Thema des Festspielprogramms darstellt. All das fasste Hofmannsthal zu einer großen Idee zusammen, indem er ein Gesamtkonzept der Spiele entwarf, das er 1919 in Form von 26 Fragen und Antworten veröffentlichte: »Uralt Lebendiges aufs Neue wieder lebendig machen. Salzburg will dem klassischen Besitz der Welt dienen. Der Glaube an Europa ist das Fundament unseres geistigen Daseins. Im höchsten Maß hoffen wir, daß die Angehörigen anderer Nationen zu uns kommen werden, um das zu suchen, was sie nicht leicht anderswo in der Welt finden können. Die Nationen sollen einander in ihrem Höchsten erkennen, nicht in ihrem Trivialsten. Geistigen Frieden wollen wir bringen.«

Mit der Formulierung dieser Grundidee und den darin enthaltenen Appellen hatte die Gründerzeit der Festspiele begonnen. Gegen die Hindernisse der Zeit, gegen Geldentwertung und Arbeitslosigkeit setzte Max Reinhardt 1920 den Beginn des Festes durch. Auch er umriss seinen Grundgedanken: Er beabsichtigte, »ein Theater zu schaffen, das Salzburgs Geschichte widerspiegeln soll. Natürlich wird das klassische Theaterrepertoire wie schon zuvor in Berlin zu pflegen sein, das Programm sollte aber auch Mysterienspiele, Darstellungen religiösen Inhalts, Krippenspiele und Moralitäten umfassen, die alle auf jahrhundertealten dichterischen und literarischen Traditionen beruhen.« Mit einer Art Paukenschlag wurden die Salzburger Festspiele eröffnet. Es war Hofmannsthals *Jedermann*, den Reinhardt zum Auftakt auf dem Domplatz inszenierte, jenes volkstümliche Spiel vom prassenden Reichen, der nach dem Sündenfall die Erlösung erfährt. Von nun an eröffnete der *Jedermann* alljährlich die Festspiele und wurde zu ihrem Leitmotiv.

Seit diesem denkwürdigen Beginn hat es für die Salzburger Festspiele sehr wechselvolle Jahre gegeben. Schon kurz nach dem Auftakt hätten die Spiele infolge der Inflation beinahe ein jähes Ende gefunden, wäre nicht unerwartete Kredithilfe eingetroffen. Sogleich wurde die Felsenreitschule als Spielort in einen schlichten Zuschauerraum verwandelt, in dem dann

Hofmannsthals *Salzburger Großes Welttheater* Premiere feierte. Aus kleinen Anfängen entwickelte sich die erste Blüteperiode des Theater- und Musikfestes. Neben dem Schauspiel gewannen Oper und Konzert immer mehr an Raum, die Opernaufführungen wurden sogar bald zum Mittelpunkt. Neben den Werken Mozarts dominierten hier von Anfang an die publikumswirksamen Bühnenschöpfungen von Richard Strauss. Die Liste großer Dirigentennamen ist umfangreich: In den dreißiger Jahren verzeichnet sie Bruno Walter und Arturo Toscanini, daneben dirigierten die anderen Großen des damaligen Konzertlebens: Otto Klemperer, Fritz Busch, Erich Kleiber, Felix Weingartner und Clemens Krauss. Es waren politische Ereignisse, die diese Hochblüte zum Welken bringen sollten. Angesichts des NS-Regimes kehrten bald viele Künstler dem europäischen Kontinent den Rücken. Und Wilhelm Furtwängler, Hans Knappertsbusch und Karl Böhm allein vermochten die Lücken nicht zu schließen, so dass die Festspiele bis Kriegsende immer weiter an Bedeutung verloren. Doch durch die Hilfe der US-amerikanischen Besatzungsmacht erholten sich die Festwochen nach 1945 verhältnismäßig rasch. Furtwängler wurde künstlerischer Leiter, und die Rückkehr zahlreicher prominenter Künstler brachte Salzburg neue »Sternstunden der Musik«. Mit einer *Zauberflöte* von 1949 machte Furtwängler Geschichte, und Herbert von Karajan entfachte mit *Figaros Hochzeit* wahre Begeisterungsstürme. Er war es auch, der die Leitung in Salzburg 1960 für über 25 Jahre übernahm und nebenher in Form der sogenannten »Osterfestspiele«

gewissermaßen ein eigenes Konkurrenzunternehmen etablierte.

Vieles hatte und hat sich indes verändert. Aus dem einstigen »Wallfahrtsort« Max Reinhardts ist die Stätte eines modernen, oftmals fragwürdigen Kulturtourismus geworden. Propagiert wird eine neue, eher künstlich hergestellte Exklusivität der Spiele, während die einstige Exklusivität der hofmannsthalschen Idee verbraucht scheint. Dennoch scheint der Fortbestand der Spiele, trotz aller Diskussionen, gesichert. Denn es geht immer wieder ein gewisser Zauber von Salzburg aus, so dass nach wie vor gilt, was der Chronist und Buchautor Stephen Gallup festgehalten hat: »Die Straßen, durch die Max Reinhardt 1920 schlenderte, haben sich kaum verändert. Die Festung, die auf so viel Schönheit herniedergeblickt hat, ist immer noch vorhanden, Schloß Leopoldskron und das Haus Stefan Zweigs bestehen noch. Sie alle sind lebende Zeugen jenes längst vergangenen Zeitalters. (...) Von Ewigkeit erfüllt sind die großartigen Werke der Konzert- und Opernliteratur vergangener Jahrhunderte, ist die Sprachkunst der großen Dramatiker, und Ewigkeitsanspruch haben ebenso die Berge, Täler, Kirchen und Schlösser jener faszinierenden Spielstätte der Stadt Salzburg selbst.«

ERWIN BONYHADI

(∗ 1906)

Die Festspielstadt Salzburg

Die größte Sensation überhaupt war die Uraufführung des »Jedermann« unter der Regie von Max Reinhardt im Jahre 1920. Ich war bei der ersten Aufführung dabei. Es hat mich unglaublich beeindruckt, als ich vom Dom herunter Gottes Stimme rufen hörte:

»Fürwahr mag's länger nit ertragen,
Daß alle Kreatur gegen mich
Ihr Herz verhärtet böslich,
Daß sie ganz ohne Furcht vor mir
Schmählicher dahinleben als das Getier.«

Bei diesen Aufführungen waren einige ganz große Schauspieler dabei, wie etwa Alexander Moissi, Paul Hartmann und Helene Thimig. Moissi war der ideale Jedermann, und er spielte Jedermann sogar in Italien auf der Chiesa della Grazia in Milano. Viele der Schauspieler waren Juden. Etwa Max Reinhardt und andere, sie waren Juden, und sie wurden verehrt, aber 1932 oder 1933 änderte sich die Situation.

Die Festspiele und besonders der Jedermann haben Salzburg ein anderes Gesicht verliehen, da sehr viele Menschen von auswärts hierher reisten, um diese Vorstellungen miterleben zu können.

Die Leute, die nach Salzburg kamen, wollten sich immer sofort Lederhosen kaufen und Joppen und sich als richtige Salzburger anziehen. Es war oft recht amüsant, wenn ein »Salzburger« ins Café hereingekommen ist, den Mund aufgemacht hat und dann Englisch gesprochen hat. Es gab ein Geschäft, das sehr viel Geld damit verdiente, gebrauchte Lederhosen im ganzen Land Salzburg und Tirol aufzukaufen. Dieser Mann hat mit seinem Geschäft sicherlich ein Vermögen gemacht. Er war ein Christ, kein Jud, und das ganze Geld schickte er nach Amerika und eröffnete dort einige Ledergeschäfte. In Salzburg hingegen ist er pleite gegangen und konnte niemandem etwas bezahlen. Das war eine komische Situation.

Mein Bruder hat damals zwei Rollen gehabt. Wir sagten immer, er hat zwei »tragende« Rollen. In der einen Rolle war er ein Sklave und mußte helfen, die Truhe zu tragen, in der der Mammon drinnen war. Und seine zweite Rolle war die eines Kochs. Wenn Jedermann herauskommt und nach dem Koch ruft, mußte er von der Stiege hinten heraufspringen und die Schlüssel fangen und dann wieder gerade zurückspringen. Dabei stieß er sich immer das Schienbein an. Ich habe ihm geraten, die Schienbeinschützer vom Fußballspielen zu verwenden, und das hat ihm geholfen.

Ich lernte auch im Mozarteum und wirkte bei einigen Vorstellungen mit. Herbert von Karajan ging in die gleiche Schule wie ich, nur eine Klasse tiefer. Sein Bruder ging in meine Klasse. Herbert war ein großes Musiktalent und konnte gut dirigieren. Aber er war kein Toscanini!

Er war ein Antisemit. Viel später, nach dem Krieg, sagte er zu mir, daß er nichts dafür könne, er habe einfach so handeln müssen, wenn er seinen Job behalten wollte! Wenn er irgendetwas gesagt hätte, wäre er verfolgt worden. Aber es gab etwa ein Dutzend hervorragender Dirigenten, Bruno Walter, Clemens Krauss, Arturo Toscanini und Erich Kleiber, und viele sind emigriert. New York wurde nach 1938 ein Zentrum der Musik, und man konnte bald wundervolle Vorstellungen dieser in Europa verfolgten Musiker hören …

Wir lebten zwar nach unserer jüdischen Tradition, aber wir waren nicht so religiös wie manch andere Juden in anderen Gegenden, denn in Salzburg war es sehr schwer, religiös zu sein. Meinen Vater verband eine Freundschaft mit dem Kardinal, den er wahrscheinlich bei all den Begräbnissen von Soldaten während des Ersten Weltkrieges kennengelernt haben muß. Bei solchen Begräbnissen waren oft sehr viele Repräsentanten verschiedener Religionen anwesend. Da war der Rabbi, der Pfarrer, der Kardinal, und mein Vater war auch oft dabei. Die katholische Kirche und besonders der Kardinal haben sich sehr für die Festspielhausgemeinde engagiert und beim Bau des Festspielhauses mitgeholfen.

Mein Vater traf sich fast jeden Samstag mit dem Kardinal. Sie haben gemeinsam den Talmud studiert und mein Vater meinte oft, daß der Kardinal mehr vom Talmud wußte als er. Das war wahrscheinlich übertrieben, aber der Kardinal hatte tatsächlich ein sehr großes Wissen. An eine Szene erinnere ich mich noch besonders gut: Wir haben damals an der Hauptstraße gewohnt, wo die Fronleichnamsprozession vorbeiging. Wir kamen zufällig bei der Tür heraus, die Prozession kam gerade vorbei, und alle fielen auf die

Knie. Das war natürlich sehr unangenehm für uns, aber als uns der Kardinal sah, deckte er das Allerheiligste zu und sagte: »Grüß Gott, Herr Bonyhadi« – Und dann deckte er es wieder auf. Ich begleitete meinen Vater oft zum Residenzplatz, wo der Kardinal wohnte, und war stolz, wenn der Wächter meinen Vater grüßte.

GERALD LEHNER

(* 1963)

Leopold Kohr und die Salzburger Hungerrevolte

Wie ein Weltwunder erscheint nun dem Volksschüler die altehrwürdige Festung Hohensalzburg, und die Tante schlägt vor, den steilen Berg zu diesem Gemäuer hinaufzusteigen, um die Stadt von oben zu betrachten. Wenig später fallen an diesem Tag einige Schüsse. Unten auf dem Residenzplatz vor dem Dom. Eine empörte Menschenmenge beginnt in der Salzburger Innenstadt mit der Plünderung von Geschäften. Der Lärm dringt bis hinauf auf die Festung, wo der kleine Leopold aus der Vogelperspektive erstaunt die Stadt betrachtet und lauscht. Mehr als 70 Jahre später beschreibt Kohr gegenüber dem Salzburger Rundfunkjournalisten Wolfgang Bauer diese Erfahrungen in der Kindheit:

Ich habe damals als Schulkind vom Land geglaubt,
solche Revolutionen gehören automatisch zum Leben
in einer Stadt. Wie wir da oben auf der Festung gestan-
den sind, unten wurde demonstriert und geschossen,
dieser Lärm, für mich schien das alles ganz normal zu
sein. Das ist eben so in einer echten Stadt, habe ich mir
gedacht.

Es sind die Tage der sogenannten »Salzburger Hungerrevolte«. Der Erste Weltkrieg ist kurz zuvor zu Ende
gegangen, die alte Monarchie der Habsburger wurde
endgültig besiegt. Niemand weiß, was die Zukunft in
einer Republik Österreich bringen wird. In Salzburg
herrscht wie in allen anderen Teilen des Landes großes
Elend. Die Bevölkerung hat kaum etwas zu essen.
Politiker, allen voran Sozialdemokraten, bemühen
sich, die Not zu lindern, besonders der Salzburger
Sozialistenführer Robert Preußler. Der kleine Leopold
Kohr weiß damals noch nicht, daß ihn mit der Familie
dieses einflußreichen Mannes schon in wenigen Jahren
viel verbinden wird. An diesem Tag im September
1918, als der Volksschüler Kohr die Festung Hohensalzburg bewundert, übergibt Preußler dem konser-
vativen Präsidenten des Salzburger Landtages ein
Memorandum mit Forderungen, wie die Ernährung
des Volkes zu verbessern sei. Während der folgenden
Demonstrationen stürmen hungernde Salzburger das
Regierungsgebäude. Der Sozialdemokrat Preußler
ruft zwar zur Ruhe auf, doch hört man nicht mehr auf
den Reformpolitiker. Das Infanterieregiment Nr. 59
soll im Auftrag der Salzburger Landesregierung den
Aufstand niederschlagen. Die meisten Soldaten weigern
sich aber, gegen Zivilisten vorzugehen. Nur einzelne

Warnschüsse fallen. Eine große Menschenmenge zieht durch die Straßen, in der Nähe des Bahnhofes kommt es auch im Hotel Europa zu größeren Plünderungen. Erst gegen Abend tritt Ruhe ein, als die Obrigkeit in aller Eile bosnische Soldaten aufbietet, die auf Österreichs Kaiser vereidigt waren und seit dem Untergang des Habsburgerreiches noch immer im Land sind. 908 Salzburger werden an diesem Tag verhaftet, 626 sind Frauen, viele davon Mütter …

Illich bekennt, daß er in Lateinamerika oft an Kohrs Schönheitsbegriff und das Land Salzburg denke. Gefühl für Ästhetik lasse sich vielleicht manchmal auch mathematisch illustrieren, so Illich. Aber erst durch Kohrs Überlegungen gelinge es heute, eine Maßeinheit für Schönheit und Ästhetik zu finden, ein menschliches Maß. Diese Maßeinheit orientiere sich an der bescheidenen Größe von Kohrs Traumland Salzburg, genauer gesagt, an dem Lebensraum um seine Heimatgemeinde Oberndorf. Den Radius dieses intakten Lebensraumes hat Leopold Kohr in seinem Werk stets mit etwa 22 Kilometern angegeben. So zieht Illich seine humorvolle Schlußfolgerung und schlägt vor, eine neue Maßeinheit zu schaffen:

In meinen Überlegungen gehe ich vom Studium des »Kohr« aus. Ein Kohr – Sie verzeihen wohl, daß ich Ihren Familiennamen im Dienste der Sozialmorphologie mißbrauche – ist nicht ein Gebiet, sondern ein Bereich, nicht ein Maß, sondern ein Ausmaß und entspricht jenem Lebensgefühl, das Sie mit 22 km bezeichnen, also den vier Gehstunden oder eineinhalb Radstunden zwischen Oberndorf und der Stadt Salzburg. Den metrischen Einheiten stelle ich gewissermaßen das »Kohr« gegen-

über. Schumacher hat die These formuliert, da nur eine
aus Kohren gebaute Welt schön sein kann. Und worin
besteht letztlich die spezifische soziale Dualität? For-
schend finde ich sie dort, wo jeder vernünftige Mensch
sie doch sicher suchen wurde: im Genuß. Nirgends er-
streckt sich das homogene Gegenüber von Frauen und
Männern auf mehr als ein ganzes Kohr. Ein Kohr ist
die morphologische Bezeichnung für ein einmaliges,
vernakuläres Geschlechterverhältnis.

GEORG TRAKL

(1887–1914)

Am Abend
2. Fassung

Noch ist gelb das Gras, grau und schwarz der Wald;
Aber am Abend dämmert ein Grün auf.
Der Fluß kommt von den Bergen kalt und klar,
Tönt im Felsenversteck; also tönt es,
Wenn du trunken die Beine bewegst; wilder Spaziergang
Im Blau; und die entzückten Schreie der Vögelchen.
Die schon sehr dunkel, tiefer neigt
Die Stirne sich über bläuliche Wasser, Weibliches;
Untergehend wieder in grünem Abendgezweig.
Schritt und Schwermut tönt einträchtig in purpurner
                                                    Sonne.

Am Mönchsberg
1. Fassung

Für Adolf Loos

Wo im Schatten herbstlicher Ulmen der verfallne
                    Pfad hinabsinkt,
Ferne den Hütten von Laub, schlafenden Hirten,
Immer folgt dem Wandrer die dunkle Gestalt der
                    Kühle
Übern knöchernen Steg, die hyazinthne Stimme des
                    Knaben,
Leise sagend die vergessene Legende des Walds;
Sanfter ein Krankes nun und lauschend im Wahn
                    sinn.

Weich umschmeichelt ein spärliches Grün das Knie
                    des Fremdlings,
Ein milder Gott die sehr ermüdete Stirn,
Tastet silbern der Schritt in die Stille zurück.

Am Rand eines alten Brunnens
2. Fassung

Dunkle Deutung des Wassers: Zerbrochene Stirne im
                    Munde der Nacht,
Seufzend in schwarzem Kissen des Knaben bläulicher
                    Schatten,
Das Rauschen des Ahorns, Schritte im alten Park,
Kammerkonzerte, die auf einer Wendeltreppe
                    verklingen,

Vielleicht ein Mond, der leise die Stufen hinaufsteigt.
Die sanften Stimmen der Nonnen in der verfallenen
Kirche,
Ein blaues Tabernakel, das sich langsam auftut,
Sterne, die auf deine knöchernen Hände fallen,
Vielleicht ein Gang durch verlassene Zimmer,
Der blaue Ton der Flöte im Haselgebüsch – sehr leise.

ERICH FRIED

(1921–1988)

Trakl-Haus, Salzburg

Zu schwer das Gewölbe:
ein Albtraum
dunkel und schön
in der schönen Stadt
zu stark und zu unverfallen
um zu hoffen auf ein Erwachen
zu alt um in ihm zu leben
zu alt um in ihm zu wohnen
und leben zu bleiben
in kühlen Zimmern ohne Sinn
Zu schön um sich
beizeiten von ihm zu trennen

Gänge und Mauern
sind Knochen des steinernen Todes
Ein eiserner Vater

half diesen Steinen keltern
den einsamen Sohn
und ihn pressen in frühen Herbst
Engel mit kalten Stirnen
trugen Verwesung

Und aus dem Haus
fliehend durch enge Gassen
durch das finstere Neutor unter dem Mönchsberg
sah er drohen von oben
die Feste Hohensalzburg
die Zwingburg die
die Juden vertrieben hat
die Bauern geknechtet hat
die Salzknappen besiegt hat
Wo war da Freiheit
außer in Traum und Umnachtung?

IRVING STONE

(1903–1989)

Ein historischer Augenblick.
Freud in Salzburg, 1908

Früh am Sonntagmorgen traf Sigmund Freud in Salzburg ein und begab sich sofort ins Hotel Bristol auf dem weiten, blumengeschmückten Makartplatz. Er badete, zog sich um und ging hinunter in die Halle. Zwei Männer standen an der Rezeption. Sie wechselten einen raschen Blick und einige Bemerkungen und lächelten ihn an. Er kannte zwar keinen der beiden, entnahm aber ihrem verhalten, daß sie zu dem Kongreß gekommen waren. Mit ausgestreckter Hand ging er auf sie zu.

»Ich bin Dr. Freud aus Wien.«

»Jones, London.«

»Brill, New York.«

»Meine Herren haben Sie schon gefrühstückt? Trinken Sie eine Tasse Kaffee mit mir?«

»Sehr gerne.«

Sie gingen in den kleinen Frühstücksraum, der für die wenigen Gäste reserviert war, die nicht in ihren Zimmern frühstückten. Dann begannen sie alle drei gleichzeitig zu reden. Sie unterhielten sich in englischer Sprache. Sigmunds Englisch war ein wenig steif, weil er es hauptsächlich durch Lektüre gelernt hatte. bei Jones machte sich ein leichter walisischer Akzent bemerkbar, bei Brill ein deutscher. Sie waren beide noch jung: Jones neunundzwanzig, Brill dreiundreißig, und sie kamen beide aus Zürich, wo sie bei Eugen Bleuler und C. G. Jung gearbeitet hatten. Mit Freude erfuhr Sigmund, daß der später nachkommenden Schweizer Gruppe nicht nur Bleuler und Jung, sondern auch Max Eitingon angehörte, der Mann, dem Sigmund praktisch die erste Übungsanalyse vermittelt hatte.

Nach dem Frühstück fragte Sigmund seine beiden Gäste, ob sie ihn nicht auf einem Spaziergang begleiten wollten.

»Nach den vielen Stunden im Eisenbahnabteil muß ich mir die Beine ein bißchen vertreten.«

»Gut, dann können wir wenigstens die Neurosen in Wien, London und New York miteinander vergleichen«, sagte Brill.

Sie gingen über den Makartplatz. Viele Salzburger Familien waren in ihren besten Sonntagssachen gerade auf dem Weg zur Kirche. Die Stadt war seit über tausend Jahren Bischofssitz. Der Tag war klar und sonnig. Sie gingen weiter in den Mirabell-Garten, der einen überwältigenden Blick auf die majestätische Festung freigab, die jenseits des Flusses auf ihrem Fels die Stadt überragte.

Sigmund bedankte sich bei Ernest Jones, der C. G. Jung dieses Treffen als erster vorgeschlagen hatte. C. G. Jung traf daraufhin alle organisatorischen Vorbereitungen, die notwendig waren, um zweiundvierzig Männer aus sechs Ländern zusammenbringen.

»Dies ist ein historischer Augenblick«, sagte Jones. »Deshalb wollte ich auch das Treffen ›Internationalen Psychoanalytischen Kongreß‹ nennen.«

»Nächstes Jahr, falls diese Zusammenkunft ein Erfolg wird. Und nun erzählen Sie mir bitte, wie Sie zur Psychoanalyse gekommen sind.«

Die Männer schlenderten weiter durch die Altstadt mit ihren engen, verwinkelten Gassen und den bunt dekorierten Schaufenstern. Sigmund und Brill hatten Ernest Jones in die Mitte genommen. Jones war ein kleiner, zierlicher Mann mit einem Heroenkopf, der für den Körper viel zu groß und mächtig erschien, aber auf eigentümliche Weise doch wieder proportioniert wirkte.

»Ich wäre gern größer«, sagte Jones mit bedauerndem Lächeln, »aber ich muß mich wohl mit dem Unabänderlichen abfinden. Ich tröstete mich mit Napoleon.«

Sigmund erklärte Brill und Jones von diesem Aussichtspunkt aus die Sehenswürdigkeiten der Stadt. Bei dem Gedanken, der Psychoanalyse zwei so kluge, junge und begeisterte Freunde erworben zu haben, überkam ihn ein wunderbares Glücksgefühl. Er hakte sich links und rechts bei ihnen unter und sagte: »Es war ein schöner Spaziergang, aber ich denke, wir sollten jetzt lieber ins Hotel Bristol zurückkehren. Inzwischen dürften auch die übrigen Delegierten eingetroffen sein.«

Am nächsten Morgen stand Sigmund schon früh auf, ließ sich das Frühstück aufs Zimmer bringen und den Hotelfriseur kommen, der ihm das dichte, dunkle Haare mit den kurzen Koteletten schnitt und den graumelierten Bart stutzte. Dann zog er den neuen grauen Anzug an, den er sich für diese Gelegenheit hatte schneidern lassen, dazu ein weißes Leinenhemd mit einem steifen Kragen, unter den die schwarze Binde geschoben wurde. Schließlich nahm er noch die Manschettenknöpfe, die Martha ihm vor kurzem zum Geburtstag geschenkt hatte. Bevor er sein Zimmer verließ, betrachtete er sich im Spiegel des Kleiderschrankes und gelangte zu dem Schluß, daß er für zweiundfünfzig eigentlich noch ganz gut aussähe. Er hatte zwar zuweilen an den Tod gedacht und darin eine unausweichliche Bestimmung gesehen, aber in gewissem Sinne begann er jetzt erst zu leben. Wenige Minuten vor acht Uhr betrat er den reservierten Konferenzraum. Zu beiden Seiten der langen Tafel hatten bereits je zwanzig Herren Platz genommen. Der Ehrenplatz am Kopfende war für ihn freigelassen worden. Er sollte das erste Referat verlesen. Er wünschte dem Auditorium einen guten Morgen und begann pünktlich um acht Uhr – ohne Manuskript – mit seinem Vortrag über den »Rattenmann«. Er sprach leise, in jenem freundschaftlichen Ton, wie es sich hochgeschätzten Kollegen gegenüber geziemte. Trotzdem hatte seine Stimme einen so vollen Klang, seine Aussprache war so klar, daß auch am Ende der Tafel noch jedes einzelne Wort verstanden wurde.

Er berichtete über Rechtsanwalt Lertzing, dessen Selbstmordgedanken und jene krankhaften Sorgen um das Wohlergehen seiner Braut, die ihn davon abhielten, das Abschlußexamen zu machen. Er erwähnte auch dessen Angst, der bereits seit langem tote Vater könnte sterben, zitierte den brutalen Hauptmann, der Lertzing während der Sommermanöver von der grausamen Strafe für Verbrecher erzählt hatte – wie man ihnen einen Topf über das Gesäß stülpte, Ratten hineingab und abwartete, bis sich diese in den Anus hineinfraßen. Schließlich wies er noch auf den Verlust der Brille hin, auf die Identifizierung des Hauptmanns mit dem Vater, die Anal-Erotik und die verdrängte Homosexualität des Patienten.

Freud sprach drei Stunden lang ohne Unterbrechung. Alle hörten ihm hingerissen zu. Schon während der Behandlung hatte er erkannt, daß hier ein weites Spektrum neurotischer Symptome gebündelt auftrat. Um elf Uhr brach Freud ab.

»Meine Herren, ich habe Ihre Aufmerksamkeit viel zu lang in Anspruch genommen.«

»Nein, nein! Bitte fahren Sie fort, Herr Professor!«

Sigmund sah sich unter den Anwesenden um, bestellte Kaffee und fuhr dann mit der Analyse seiner Feststellungen und der Therapie fort.

Nach dem Mittagessen machten die Kongreßteilnehmer einen Spaziergang durch die Stadt und fanden sich dann wieder im Konferenzsaal ein. Ernest Jones hielt einen großartigen Vortrag über das »Rationalisieren im Alltagsleben«, ein Gebiet, auf dem er Pionierarbeit leistete. Ihm folgte Alfred Adler mit einem ebenso wohl fundierten Beitrag über »Sadismus im Leben und in der Neurose«, ein Thema, mit dem er sich besonders intensiv auseinandergesetzt hatte. Ferenczi präsentierte mit seinem Referat über »Psychoanalyse und Pädagogik« ein wahres Feuerwerk an Ideen und erntete stürmischen Beifall. Isidor Sadger verlas eine herausfordernde Darstellung über die »Ätiologie der Homosexualität«. C. G. Jung und Karl Abraham berichteten über zwei verschiedene Aspekte der *dementia praecox*.

Nach Abschluß der Vorträge und Diskussionen begaben sich die Herren in einen Speisesaal, in dem bereits ein Festbankett vorbereitet war. Sigmund Freud war in bester Stimmung, denn das Treffen war wirklich äußerst zufriedenstellend verlaufen. Jeder der verlesenen Beiträge hatte einen wichtigen Beitrag zur psychoanalytischen Forschung geleistet.

Dieser Tag hatte bewiesen, daß die Psychoanalyse keine Ein-Mann-Bewegung mehr war und es nie wieder sein konnte.

HUGO VON HOFMANNSTHAL

(1874–1929)

Die Mozart-Zentenarfeier in Salzburg

Ein Akt kulturgeschichtlicher Höflichkeit: in diesem
Sinne haben es wohl die meisten gefaßt. Es galt, einer
Autorität, einer versteinten Größe, die heute konser-
vativ wirkt, schuldige Ehrfurcht zu erweisen. Und es
kamen Hofräte, Offiziere salutierten, hohe Beamte
und Priester lächelten offiziell, und Exzellenzen fühlten
sich gehoben. Es galt zudem einem Sohne Salzburgs,
der Lokalpatriotismus band seine weißeste Krawatte
um, und aus Gemeinderäten, Notaren und Feuerwehr-
kommandanten wurden Tenore, flinke Komiteemit-
glieder und lächelnde Wirte. Es gab einen wirklichen
Fremdenverkehr, im Café Tomaselli drängten sich
wirkliche Korrespondenten wirklicher Weltblätter,
ein wirklich begabter Dichter schrieb einen wirklich
hübschen Epilog, ein wirklicher Professor hatte zwei
Riesenbüsten gesandt; Salzburg, »*cette coquette petite
ville au Tyrol autrichien*«, fand sich in einem Boulevard-
blatt gelobt und strahlte vor Vergnügen. Zwischen
Fremden und Eingeborenen, abgelegten Berühmtheiten,
Sommer- und Provinz-Stars und den sonstigen Vielzu-
vielen der ersten Stufe wandelten in einsamer Kokette-
rie die Jünger des zweiten Grades. *Chercheurs de
sensations,* mit dem Blick für Ensemble und abgetönte
Farben, fanden sie wohl die allerreichste Beute. Die
Stadt ist ja so schön, so tausendfach schön, in allen
frauenhaft wechselnden Nuancen, von der prangen-

den herrischen Pracht des sonnigen Wachens bis zur matten verwischten und verweinten Anmut des dämmernden Grau in Grau.

Für die von der zweiten Weihe war das Ganze eine große Meiningerei, das Galvanisieren eines erloschenen Stils in einer passenden Umgebung.

Barock und Rokoko haben in Salzburg noch immer das Übergewicht über moderne Stillosigkeit. Und die souveränen Herren von Salzburg haben in ihrer kirchlich-weltlichen Eleganz das Repräsentieren immer verstanden. Es ist leicht, aus der charakterlosen Bürgerstadt die alte Tyrannenstadt herauszuschälen. Über den vornehmen Stiegenhäusern, den manierierten Sandsteingruppen, den überornamentierten Gartenhäuschen liegt der Duft einer wirklichen Individualität. Dieser Duft weht aus Mozarts jugendlichen Singspielen: aus diesem Gewirr von galanten Treppen und Sakristeitüren, Boudoirs und Klostergängen kam der Knabe, der in Rom vormittags das »Miserere« aus dem Gedächtnis niederschrieb und abends mit einer hübschen Schauspielerin in der Blumensprache korrespondierte. *»Faut êtr' abbé pour comprendr' ça«* heißt ein Liedchen aus der Zeit.

Aber die Stadt hat so viel Seelen, daß ein Abbé nicht ausreicht, alle zu verstehen. Die polierte Anmut eines lichten Platzes, wo bläulicher Weihrauchdampf aus offenen Kirchentoren über eine Gruppe galant lächelnder Tritonen hinschwebt, verschlingt ein dunkles Gewölbe, das feuchtkalt und glitschig emporführt zu Fallgittern und eisenbeschlagenen Zinnen, zu moderigen Verließen und der ganzen düsteren Deutschheit von Akens Bildern voll Kobolden, Martergeräten und plumpen, phantastischen Waffen. Und wieder in schwindelnder Metamorphose aus dem Mittelalter hinab, Wendeltreppen, Felssteige nieder zum rauschenden Fluß, wo sich rote schmale Häuschen an die Felswand schmiegen, mit efeuumrankten Loggien, halbnackten, spielenden Kindern, Heiligenbildern, farbigen Lumpen, Schmutz ... die Straße eines italienischen Dorfes. Dazwischen die gurgelnde, sprudelnde, unbändige Salzach und drüben die neue Stadt, modernes Gewimmel, Frack, Uniform, auf offenem *breakcoach* ein Halbdutzend junger blonder Mädchen, das schimmernde Viereck voll lichter Schultern und scheinender Köpfchen, hinschwankend zwischen grünen Bäumen und Pferdeköpfen. Und nachts auf dem gelbschäumenden Wasser der unstete Widerschein bengalischer Lichter, tanzender Fackeln, gespenstische Schatten an den fahlroten Mauern hinzuckend, dazwischen zerrissene Akkorde, Glockenläuten, verwehte Chöre; Leben, wimmelndes Gedräng auf den Plätzen und Treppen, die engen Straßen mit wehenden Farben erfüllt, die finsteren Tore grün umwunden; farbige Lichter an den phantastischen Gruppen barocker Helden und Göttinnen, jeder Schimmer Sensation, jede Straßenecke Bild; akustische Mauern, nachtönende Gewölbe, die ganze Stadt mit leise vibrierender, unaufhörlicher Musik erfüllt, ein enges Theater mit der drükkenden, aufregenden Menschenfülle, die wir Großstädter nicht mehr kennen, jetzt glitzernde Sternennacht, in einer Stunde Gewittersturm, heulend und prasselnd ... das war dieses Fest für die Jünger des zweiten Grades, ein großes, reiches und seltenes Fest.

DOUGLAS STEPHAN

(∗ 1965)

doPPLEREFFekt

aaaaaaaaAAAAAAAaaaaaaaa

steigen und fallen
kommen und gehen
wachsen und schwinden
erinnern und vergessen.
die physik des lebens,
das leben des physikers
christian doppler,
salzburg-venedig,
1803–1853.

ALOIS WEISSENBACH

(1766–1821)

Der Untersberg-Platz
(Im Aigner Park)

Seht ihr den Berg in jenen Gauen!
Bloß auf sich selber steht er da,
Ein loses Glied ist er zu schauen
Im Gürtel der Juvavia;
Ein Doppelantlitz trägt der Riese:
Das eine nach dem Firnenland,
Das andere nach dem Paradiese
Der alten Salzachstadt gewandt;
Und Baum und Moos und Blumen schmücken
Des Alten Haupt und Marmorrücken.

MARIA JOHANNA SEDELMAIER

(1811–1853)

Aussicht auf dem Mönchsberg am Mönchstein

Wie schön der Berge Reihe
Dies Zauberthal umschliesst
Wie in die ferne Bläue
Die Eingeborne fliesst;

Wo Dörfer mild umglänzt
Mit Ceres Gaben stehn
Von Park und Hain bekränzt,
Hier ist Arkadien!

FRANZ SCHUBERT

(1797–1828)

Eine schwere Träne für Michael Haydn

Franz Schubert an seinen Bruder Ferdinand
Den 12. Sept. 1825, Gmunden.

Lieber Bruder!
Deiner Aufforderung gemäß möchte ich Dir freilich
eine ausführliche Beschreibung unserer Reise nach
Salzburg und Gastein machen, allein Du weißt wie
wenig ich zum Erzählen und Schreiben geeignet bin;
da ich indessen bei meiner Zurückkunft nach Wien
auf jeden Fall erzählen müßte, so will ich es doch lieber
jetzt schriftlich als dann mündlich wagen, ein schwaches
Bild all dieser außerordentlichen Schönheiten zu
entwerfen, indem ich jenes doch besser als dieses zu
treffen hoffe. [...]
  Den andern Morgen kamen wir über Straßwalchen
und Frankenmarkt nach Neumarkt, wo wir Mittag
machten. Diese Oerter, welche schon im Salzburgischen liegen, zeichnen sich durch eine besondere
Bauart der Häuser aus. Alles ist beinahe von Holz.

Das hölzerne Küchengeschirr steht auf hölzernen Stellen, die außen an den Häusern angebracht sind, um welche hölzerne Gänge herumlaufen. Auch hängen allenthalben zerschossene Scheiben an den Häusern, die als Siegestrophäen aufbewahrt werden aus längst vergangenen Zeiten, denn man findet die Jahreszahlen 1600 und 1500 häufig. Auch fängt hier schon das bairische Geld an. Von Neumarkt, welches die letzte Post vor Salzburg ist, sieht man schon Bergesspitzen aus dem Salzburger Thal herausschauen, die eben mit Schnee bedeckt waren. Ungefähr eine Stunde von Neumarkt wird die Gegend schon wunderschön. Der Waller-See, welcher rechts von der Straße sein helles blaugrünes Wasser ausbreitet, belebt diese anmuthige Gegend auf das herrlichste. Die Lage ist sehr hoch und von nun an geht es immer abwärts bis nach Salzburg. Die Berge steigen immer mehr in die Höhe, besonders ragt der fabelhafte Untersberg wie zauberhaft aus den übrigen hervor. Die Dörfer zeigen Spuren von ehemaligem Reichthum. An den gemeinsten Bauernhäusern findet man überall marmorne Fenster- und Thürstöcke, auch sogar manchmal Stiegen von rothem Marmor. Die Sonne verdunkelt sich und die schweren Wolken ziehen über die schwarzen Berge wie Nebelgeister dahin; doch berühren sie den Scheitel des Untersberges nicht, sie schleichen an ihm vorüber, als fürchteten sie seinen grauenvollen Inhalt. Das weite Thal, welches mit einzelnen Schlössern, Kirchen und Bauernhöfen wie angesäet ist, wird dem entzückten Auge immer sichtbarer. Thürme und Paläste zeigen sich nach und nach; man fährt endlich an dem Kapuzinerberge vorbei, dessen ungeheure Felswand hart an der Straße senkrecht in die Höhe ragt und fürchterlich auf den Wanderer herabblickt. Der Untersberg mit seinem Gefolge wird riesenhaft, ihre Größe will uns fast erdrücken. Und nun geht es durch einige herrliche Alleen in die Stadt selbst hinein. Festungswerke aus lauter Quadersteinen umgeben diesen so berühmten Sitz der ehemaligen Churfürsten. Die Thore der Stadt verkünden mit ihren Inschriften die verschwundene Macht des Pfaffenthums. Lauter Häuser von 4 bis 5 Stockwerken erfüllen die ziemlich breiten Gassen und an dem wunderlich verzierten Hause des Theophrastus Paracelsus vorbei geht es über die Brücke der Salzach, die trüb und dunkel mächtig vorüberbraust. Die Stadt selbst machte einen etwas düstern Eindruck auf mich, indem ein trübes Wetter die alten Gebäude noch mehr verfinsterte, und überdies die Festung, die auf dem höchsten Gipfel des Mönchberges liegt, in alle Gassen der Stadt ihren Geistergruß herabwinkt. Da leider gleich nach unserer Ankunft Regen eintrat, welches hier sehr oft der Fall ist, so konnten wir, außer den vielen Pallästen und herrlichen Kirchen, deren wir im Vorbeifahrn ansichtig wurden, wenig zu sehen bekommen. Durch Hrn. Pauernfeind, ein dem Hrn. v. Vogl bekannter Kaufmann, wurden wir bei dem Grafen von Platz, Präsident der Landrechte eingeführt, von dessen Familie, indem ihnen unsere Namen schon bekannt waren, wir freundlichst aufgenommen wurden. Vogl sang einige Lieder von mir, worauf wir für den folgenden Abend geladen und gebeten wurden, unsere sieben Sachen vor einem auserwählten Kreise zu produciren, die denn auch unter besonderer Begünstigung des schon in meinem ersten Briefe erwähnten Ave Maria's Allen sehr zu Gemüthe gingen. Die Art und Weise, wie Vogl singt und ich accompagnire, wie wir in einem solchen Augenblicke *Eins* zu sein scheinen, ist diesen Leuten etwas ganz Neues, Unerhörtes. Nachdem wir den andern Morgen den Mönchberg bestiegen, von welchem man einen großen Theil der Stadt übersieht, mußte ich erstaunen über die Menge herrlicher Gebäude, Paläste und Kirchen. Doch gibt es wenig Einwohner hier, viele Gebäude stehen leer, manche sind nur von einer, höchstes zwei bis drei Familien bewohnt. Auf den Plätzen, deren es viele und schöne gibt, wächst zwischen den Pflastersteinen Gras, so wenig werden sie betreten. Die Domkirche ist ein himmlisches Gebäude, nach dem Muster der Peterskirche in Rom, versteht sich im verkleinerten Maßstabe. Die Länge der Kirche hat die Form eines Kreuzes, ist von vier ungeheuren Höfen umgeben, von denen jeder einzelne einen großen Platz bildet. Vor dem Eingange stehen die Apostel in riesenhafter Größe aus Stein gehauen. Das Innere der Kirche wird von vielen marmornen Säulen getragen, ist mit den Bildnissen der Churfürsten geschmückt, und in allen seinen Theilen wirklich vollendet schön. Das Licht, welches durch die Kuppel hereinfällt, erleuchtet jeden Winkel. Diese außerordentliche Helle macht eine göttliche Wirkung, und wäre allen Kirchen anzuempfehlen. Auf den vier Plätzen, welche die Kirche umgeben, befinden sich große Springbrunnen, die mit den herrlichsten und kühnsten Figuren geschmückt sind. Von hier gingen wir in das Kloster zu St. Peter, wo *Michael Haydn* residirt hat. Auch diese Kirche ist wunderschön. Hier befindet sich, wie Du weißt, auch das Monument des M. Haydn. Es ist recht hübsch, aber steht auf keinem guten Platz, sondern in einem abgelegenen Winkel. Auch lassen diese herumliegenden Zettelchen etwas kindisch; in der Urne befindet sich sein Haupt. Es wehe auf mich, dachte ich mir, dein ruhiger, klarer Geist, du guter Haydn, und wenn ich auch nicht so ruhig und klar sein kann, so verehrt dich doch gewiß Niemand auf Erden so innig als ich. (Eine schwere Thräne entfiel meinen Augen, und wir gingen weiter. –) Mittags speiseten wir bei Hrn. Pauernfeind, und als uns Nachmittags das Wetter erlaubte auszugehen, bestiegen wir den zwar nicht hohen, aber die allerschönste Aussicht gewährenden Nonnenberg. Man übersieht nämlich das hintere Salzburger Thal. Dir die Lieblichkeit dieses Thals zu beschreiben, ist beinahe unmöglich. Denke Dir einen Garten, der mehrere Meilen im Umfange hat, in diesem unzählige Schlösser und Güter, die aus den Bäumen heraus oder durchschauen, denke Dir einen Fluß, der sich auf die mannigfaltigste Weise durchschlängelt, denke Dir Wiesen und Aecker, wie eben so viele Teppiche von den schönsten Farben, dann die herrlichen Straßen, die sich wie Bänder um sie herumschlingen, und endlich stundenlange Alleen von ungeheueren Bäumen, dieses Alles von einer unabsehbaren Reihe von den höchsten Bergen umschlossen, als wären sie die Wächter dieses himmlischen Thals, denke Dir dieses, so hast Du einen schwachen Begriff von seiner unaussprechlichen Schönheit. Das Uebrige von Salzburgs Merkwürdigkeiten, welche ich erst auf der Rückreise zu sehen bekomme, lasse ich auch bis dahin, indem ich meine Beschreibung chronologisch verfolgen will.

KARL HEINZ RITSCHEL

(∗ 1930)

Stille Nacht! Heilige Nacht!
Vor 150 Jahren starb Joseph Mohr

Als Text und Musik in den Jahren 1816 und 1818 entstanden, war die Situation im Salzburger Land trostlos. Die Napoleonischen Kriege waren zwar zu Ende, der Wiener Kongreß ordnete Europa neu, doch das geistliche Reichsfürstentum Salzburg hatte mehrfach die Herren wechseln sehen, mit all den Folgen, die diese Herrschaftswechsel mit sich brachten. 1803 war das geistliche Fürstentum säkularisiert, also verweltlicht worden. Salzburg, von napoleonischen Gnaden toskanisches Kurfürstentum, wurde 1805 österreichische Provinz, 1809 zogen wieder die französischen Truppen ein, gaben 1810 die Herrschaft an die Bayern und erst 1816 kam das Land endgültig zu Österreich. Jedoch um welchen Preis! Der Rupertiwinkel ging an das Königreich Bayern verloren, und der Rest blieb verwaltungsmäßig vorerst ein oberösterreichisches Anhängsel. Besonders betroffen war die salzburgische Stadt Laufen, denn die Salzach bildete nun die Grenze, und die beiden Ortsteile Altach und Oberndorf wurden von der Heimatstadt abgetrennt.

»Gute Zeiten«, waren es wahrhaftig nicht. Allein in den ersten vier Jahren unter bayerischer Verwaltung wurden mehr als 200 Bauerngüter zwangsversteigert. Steigende Abgaben und verringerte Nachfrage nach landwirtschaftlichen Produkten trieben vor allem

Besitzer größerer Güter mit vielen Dienstboten in den Ruin. Arbeitslosigkeit machte sich breit. Die Schwierigkeiten aus der Integration in den habsburgischen Großstaat waren nicht zu übersehen, ebenso die plötzliche Randlage an einem Hochschutzzollgebiet, welche den Handel lähmte. Hinzu kam eine österreichische Geldentwertung, und von 1814 bis 1819 trafen fünf Mißernten das Land. Salzburgs Gebirgsgaue waren auf Getreidezukauf angewiesen, doch plötzlich waren für die Einfuhr aus dem Rupertiwinkel hohe Grenzzölle zu entrichten.

Durch den Verlust der Eigenständigkeit und damit des Status als Residenzstadt war eine drastische Verminderung des Beamtenstandes zu beklagen. Viele Adelsfamilien und höhere Hofbeamte waren weggezogen, was für Dienstboten und Gewerbetreibende einen schweren Verlust bedeutete. Hoch ausgebildete Handwerker rauften sich um Flickarbeiten. Das gewerbliche Niveau sank. Die Bürgerschaft Salzburgs flehte Kaiser Franz um Hilfe an, weil Salzburg »zu einem Betteldorf mit leeren Palästen« geworden war. Am 30. April 1818 wütete zudem ein unheilvoller Stadtbrand, der den Großteil der rechten Altstadt, Bürgerhäuser, Kirchen und auch das Schloß Mirabell zerstörte. Die Verarmung war so groß, daß viele Brandruinen bis gegen die Jahrhundertmitte rauchgeschwärzt stehen blieben. Wenigen Wohlhabenden und Besitzenden stand eine riesige Zahl von Bedürftigen und Besitzlosen gegenüber. Die Not führte zum Anstieg der Bettelei. In der Stadt Salzburg wurde in den Jahren zwischen 1816 und 1822 durchschnittlich ein Fünftel bis Viertel der Stadtbevölkerung durch den Armenfonds und Bürgersäckel unterstützt. Für das Jahr 1815 wurde der Anteil der fast oder gänzlich Besitzlosen in der Stadt Salzburg auf mindestens 50 Prozent der Gesamtbevölkerung gerechnet, ohne Einbeziehung der am Rande der Existenz vegetierenden Handwerkerfamilien.

Das war die Umwelt, in der Joseph Mohr wirkte – und in die er ja auch hineingeboren worden war. Am 11. Dezember 1792 wurde um 12 Uhr mittags die ledige Stickereiarbeiterin Anna Schoiber eines Knaben entbunden, der am selben Tage um 4 Uhr nachmittags im Salzburger Dom auf die Namen Josephus Franziscus getauft wurde und – nach damaliger Gesetzeslage – den Familiennamen des Vaters Mohr erhielt (laut Eintragung im Taufregister IX/2 wurde der Vatername »Moor« geschrieben. Auch der Name der Mutter ist in verschiedenen Urkunden verschieden niedergeschrieben: Schoiber, Schoiberin, Scholberin.)

Als Taufpate wurde der Scharfrichter Joseph Wohlmuth eingetragen, der sich jedoch von Franziska Zachin vertreten ließ. Franziska Zach war die Tochter eines Abdeckers aus der bayrischen Pfarre Lafering/Taufkirchen. Sie starb am 3. Februar 1806 im damals salzburgischen Fridolfing, wo es im Sterbebuch über sie heißt: »ledige Dienstmagd aus Salzburg, jetzt beim Abdecker zu Fridolfing in Dienst, 54 Jahre alt, Wassersucht.«

Vermutlich war Franziska Zach in Salzburg bei dem Scharfrichter Wohlmuth als Dienstmagd beschäftigt, der sich bei Mohrs Taufe durch sie vertreten ließ. Von Wohlmuth ist bekannt, daß er großzügig vielfach bei

Taufen solcher Art beigesprungen ist, denn ein lediges Kind war ja eine Schande. Als Joseph Mohr Geistlicher werden wollte, brauchte er deswegen eine eigene Dispens wegen der sogenannten »Irregularität des Mangels der ehelichen Geburt«. Diese »Irregularität ex defectu« ist der ohne sittliche Verschuldung vorhandene Mangel einer zur Weihe erforderlichen Eigenschaft. (Diese Bestimmung des kirchlichen Gesetzbuches ist übrigens erst seit 1983 außer Kraft.)

Doch nicht genug mit der Schande, die durch ein uneheliches Kind über die Mutter und auch deren Mutter Maria Schoiber kam, gab es zudem Strafen. Das Fornikationsprotokoll der Stadt Salzburg aus den Jahren 1795 bis 1804 (Stadtarchiv erhalten) enthält auf Seite 31 f. folgende Eintragung:

»Actum dem 3ten Hornung 1796 [gemeint ist der Februar] Anna Schoiberinn von Hallein geb., Salzeinsetzerstochter, 38 Jahre alt und durch 32 Jahre hier, ledig: ernähre mich mit Handarbeit, und mit inngelegen, zeige mich an, daß mit dem Felix Dreithaller, Tagwerker alhier, vier Wochen von Jacobi v. J. am Mönchberg fleischlich verbrochen habe und schwanger sey. Dieß ist mein 4tes Verbrechen.

Das erste geschah vor 18 Jahren mit einem Soldaten Leop. Gänzhuber [lt. Taufbuch: Leopold Gegenhueber], der nun im Felde steht. Das Kind, ein Knab, ist gestorben. Ich habe abgedient.

Das zweite geschah vor 13 Jahren mit Peter Paul Gregg [Greyg?; lt. Taufbuch: Peter Paul Kregg], hochfürstl. Kammerdiener. Dieß Kind ein Maidl lebt, und wird von ihrem Vater erhalten. Ich habe wegen diesem Verbrechen die Geldstrafe erlegt.

Das dritte Verbrechen geschah vor 3 Jahren mit dem Soldat Jos. Mohr [lt. Taufbuch: Franz Moor], der von hier desertirte. Das Kind ein Knab lebt, und hat v. gemeinen Almosen wöchentlich 30 [gemeint sind Kreuzer]. Ich bin wegen meinen dritten Verbrechen noch nie abgestraft worden. Das Protokoll ist mit dem vermerk versehen: »Worauf sie mit Vorbehalt der Strafe entlassen worden.«

Welche Not Joseph Mohr kennengelernt haben muß, ist aus diesem gesamten Umfeld zu erahnen. Sein Glück begann, als er seiner Stimme wegen dem Domchorvikar Johann Nepomuk Hiernle aufgefallen war, der ihn nun förderte, was Mohr durch seinen schulischen Fleiß beantwortete.

Die Eintragung im Taufregister der Dompfarre beweist, was bisher übersehen worden ist, daß Joseph Mohr im Bereich der Dompfarre geboren worden ist. Nur mit einer speziellen Dispens durfte außerhalb des Pfarrbereiches getauft werden, etwa bei Adelsfamilien in der eigenen Schloßkapelle.

Dem illegitimen Kind kam diese Dispens nicht zu. Die These, die Mutter sei während ihrer Arbeit – sie arbeitete in der Pfeifergasse – niedergekommen und es habe sich um eine Nottaufe gehandelt, ist meines Erachtens nicht haltbar. Eine Taufe hatte »quam primum«, also möglichst bald, zu erfolgen. Eine Taufe vier Stunden nach der Geburt war durchaus regelmäßig, was aus der hohen Rate der Kindersterblichkeit zu erklären ist und der Angst, ein ungetauftes Kind könne niemals in den Himmel kommen. Hätte es unmittelbar bei der Entbindung eine Nottaufe gegeben, wäre im Taufregister wohl die Hebamme oder die Mutter oder wer immer bei der Geburt zugegen war als Patin eingetragen worden. Damit ist der genaue Geburtsort unbekannt, der Wohnort in der Steingasse 31 ist durch das handschriftliche Volkszählungsprotokoll zumindest für das Jahr 1794 erwiesen. Mohr war damals eineinhalb Jahre alt.

Jedenfalls ist das Kind Joseph Mohr vom untersten Rand der Gesellschaft emporgestiegen, wenngleich er auch in der Kirche nie zu höheren Positionen berufen wurde.

Wir dürfen Joseph Mohr aber nicht als romantischen Typen sehen. Man muß ihn herauslösen aus dem Klischee des Weihnachtsliedes. Wäre Joseph Mohr heute Pfarrer, so würde er sich wohl genauso wie damals der Zeit stellen, den Menschen helfen wollen, den Armen verpflichtet sein, ohne Rücksicht auf Vorgesetzte, auf Obere. Er würde sich nicht beirren lassen, Ministrantinnen an den Altar zu stellen. Er würde den an den Rand gedrängten Gruppen, etwa den wiederverheirateten Geschiedenen, ein wohlwollender Seelsorger sein, weil er mit ihnen leiden würde. Er würde in seinem Ort von Haus zu Haus gehen und für Asylsuchende, für Flüchtlinge werben. Er würde selbstverständlich sein Pfarrhaus mit ihnen teilen.

Als Joseph Mohr das Lied dichtete und schließlich Franz Xaver Gruber zur Vertonung brachte, wollte er seinen Mitmenschen ein Zeichen der Freude geben und einen Funken der Hoffnung. Er hat es in der einfachen Sprache getan, die der einfachste Mensch ohne jede Bildung verstehen kann.

(1785–1859)

Wie kann ich dir von diesem Reichtum erzählen

an Goethe

28 Juli 1810

Von Salzburg muß ich Dir noch erzählen: die letzte
Station vorher, Laufen, es ging in einen fröhlichen
Abend über; die Täler breiteten sich links und rechts,
als wären sie das eigentliche Reich, das unendliche
gelobte Land, langsam wie die Geister hob sich hie
und da ein Berg, und sank allmählich in seinem blit-
zenden Schneemantel wieder unter. Mit der Nacht
waren wir in Salzburg, es war schauerlich, die glatt-
gesprengten Felsen himmelhoch über den Häusern
hervorragen zu sehen, die wie ein Erdhimmel über der
Stadt schwebten, im Sternenlicht; und die Lanternen,
die da all mit den Leutlein durch die Straßen fackel-
ten, und endlich die vier Horn, die schmetternd den
Abendsegen bliesen, da tönte alles Gestein und gab
das Lied vielfältig zurück; die Nacht hatte in diesem
fremden Ort gleichsam einen Zaubermantel über uns
geworfen, wir wußten nicht, wie das war, daß alles
sich beugte und wankte, das ganze Firmament schien
zu atmen; mir flammte noch ein besonderes Feuer in
der Brust; ich war über alles glücklich, zum erstenn-
mal ward mir deutlich, daß ich noch manches Be-
deutsame an mir entwicklen dürfe; Du weißt ja, wie
das ist, wenn die dumpfen Tore endlich gesprengt

sind und man aus sich selber, wo man so lange geson-
nen, und gesponnen, heraustritt ganz ins Freie und in
den Sonnenglanz. – Wie kann ich Dir nun von diesem
Reichtum erzählen, der sich am andern Tag vor uns
ausbreitete? Wers nicht gesehen hat, der gehe hin
und seh es; es ist verlorne Zeit, was er sonst tut. Kein
unrein Herz kann da bestehen, wo sich der Vorhang
allmählich vor Gottes Herrlichkeit teilet, und man
sich nur verwundert, daß alles so einfach ist in seiner
Größe, man muß entweder dort verzweifeln, oder ganz
durchdrungen werden mit Friede, nicht einen, aber
hundert Berge sieht man, von der Wurzel bis zum
Haupt ganz frei, von keinem Gegenstand bedeckt, es
jauchzt und triumphiert ewig da oben, die Gewitter
schweben wie Raubvögel zwischen den Klüften, ver-
dunklen einen Augenblick mit ihren breiten Fittichen
die Sonne. Das geht so schnell, und doch so fromm,
so ernst; es war alles begeistert, ich glaub, man hätte
uns bereden können, unterzutauchen in die Seen, in
denen sich die Berge baden; so heiter, so kindisch,
tausend Gaukeleien wurden ins Steingerüst gerufen.

Alles vergeht, aber meine Worte nicht, spricht Gott;
so weiß ich denn, daß Gott mit mir gesprochen hat da
oben, denn es wird mir nimmer mehr vergehen. –

Von da ging die Reise nach Wien; es trennten sich
die Gäste von der Familie, bei Sonnenaufgang fuhren
wir über die Salza: hinter der Brücke, wo ein sehr
großes Pulvermagazin ist, standen sie alle, um *Savigny*
noch ein letztes Vivat zu bringen, ein jeder rief auf
seine Art noch ein liebend Wort zu; *Freiberg*, der uns
noch begleitete bis zur nächsten Station, sagte: wenn
sie nur all so schrieen, daß das Magazin in die Luft

sprengte, denn es ist uns doch das Herz zersprengt.
– Nun ist uns weiter nichts Merkwürdiges geschehen,
außer daß ich zum ersten die Sonne aufgehen sah,
zum zweiten einen Regenbogen und zum dritten einen
Pfauen, der ein Rad schlug.

FRANCIS MILTON TROLLOPE

(1780–1863)

Zum ersten Male sahen wir die
Sonne scheinen

Zum ersten Male, seitdem wir hier eingetroffen sind
und das ist fünf Tage her, sahen wir die Sonne scheinen,
und sie erleuchtete eben diese Schneeberge auf das
Brillanteste. Der ganze Tag war von der Stunde an, als
wir unseren Ausflug nach Golling aufgegeben hatten,
wonnevoll gewesen, und wir benutzten ihn auf das
Emsigste, indem wir kaum fünf Minuten im Hause
blieben.

Einer unserer Gänge führte uns (wie gewöhnlich) in
eine Kirche, in ein ehrwürdiges, dunkles Gebäude,
das, wie ich glaube zum Spitale gehört. Dicht dabei,
aber nicht mit der Kirche zusammenhängend, befindet
sich eine Kapelle von ziemlich derselben Bauart, wie
der Kreuzberg bei Bonn, mit drei Treppenfluchten,
wovon die mittlere, aus welchem Grunde weiß ich
nicht, zu heilig ist, um von den Füßen der Menschen
betreten zu werden. Sieben bis acht Männer und

Frauen rutschten auf den Knieen hinan, und küßten jetzt und jetzt, so wie sie an einem bestimmten Flecke angelangt waren, die Treppe. Oben befindet sich ein Altar mit dem gewöhnlichen Geräthe, und darüber steht *Cum Privilegio,* was in alter Zeit die Macht gab, den Gesetzen und was noch mehr ist, den Gewaltigen des Landes zu trotzen.

Die Andächtigen, welche diese Ceremonie verrichteten, gehörten aber, wie ihre beschmutzten und zerrissenen Strümpfe bewiesen, der untersten Volksclasse an. Ihre Schuhe hatten sie am Fuße der Treppe ehrfurchtsvoll bei Seite gelegt.

Die äußern Zeichen von Religiosität sind in diesem Lande eben so häufig als stark. So weit wie Reisende es beurtheilen können, ist das Volk, für welches diese Menge von Altären, Kapellen und Stationen errichtet ward, in der That fromm und scheint seinen Schöpfer im Geiste und in der Wahrheit anzubeten, wenn gleich mit allen den Ceremonien vergangener Jahrhunderte.

Ich bin, seitdem ich Oesterreich betreten habe, niemals in eine Kirche gekommen, und ich habe die Kirchen zu jeder Stunde des Tags besucht, ohne mehrere Andächtige vor verschiedenen Altären oder Heiligthümern stille knieen und beten zu sehen. Am Sonntage und Feste Maria Himmelfahrt, das wir in Insbruck zubrachten, waren die Kirchen auch voll wohlgekleideter Leute; diese kamen aber und gingen wie nur immer Damen und Herren in einer protestantischen Kirche. Sie warfen sich weder vor den Altären nieder, noch küßten sie Bilder, noch bogen sie vor jedem Heiligthum, an welchem sie vorübergingen, das Knie. Kurz, obschon ein starkes religiöses Gefühl das ganze Land durchdringt, sind die leidenschaftlichen Ausbrüche desselben doch mehr auf die untern Klassen beschränkt.

Mehrere einsichtsvolle Personen haben uns, seitdem wir in Deutschland sind, gesagt, daß es in verschiedenen Theilen desselben, eben sowohl als in Italien, Frankreich und Flandern viele thätige und ehrgeizige Priester gebe, welche, obschon sie nicht mehr Jesuiten heißen, es doch ihrem Geiste nach sind. Diese Männer sollen die Hoffnung, ihre vorige, ungeheure Macht wieder zu erlangen, darauf bauen, daß Katholiken jetzt auch im englischen Parlamente sitzen; sie glauben, durch die dadurch gewonnene Vermehrung ihres Einflusses den alten Aberglauben aus den Hütten und Kellern, in denen er sich versteckt, wieder in die Kabinete und Prunkgemächer von Europa herauf zu beschwören.

Man hat jedoch allen Grund zu hoffen, daß diese Männer in der Hitze ihres Eifers die wirklichen Fortschritte des menschlichen Geistes unter dem aufgeklärten Theile des Menschengeschlechtes nicht gehörig in Anschlag gebracht haben, und daß sie von den untern Classen, mit denen sie am meisten zu thun haben, aufwärts schließend, glauben, die ganze civilisirte Welt stehe am Vorabende, abermals Roms Sklave zu werden.

Aber es ist eine größere Macht als selbst die, über welche eine ganze Actiengesellschaft von O'Connels gebieten kann, nothwendig um das Licht auszulöschen, das angezündet worden ist, und immer heller brennt, um nach und nach alle Menschen zu erleuchten.

Trotz der Ehrfurcht, die in diesem Lande für alle religiösen Gebräuche an den Tag gelegt wird, muß jeder, der Gelegenheit hat, die Sitten des Volkes zu beobachten und seine Gesinnungen zu erforschen, zu dem Schlusse kommen, daß die abergläubischeren Punkte unter den gebildeten Ständen still und ruhig außer Uebung kommen und eben so ausschließend das Erbtheil der Armen und Unwissenden sind, als ihr schwarzes Brod und ihre groben Jacken.

Die Herren von unserer Gesellschaft haben in den Städten, durch die wir kamen, mehrere Klöster besucht, und sind stets mit der zuvorkommendsten Offenheit der Gesprächsmittheilung empfangen worden. Man ließ sie auch in die Zellen und sie fanden, daß diese einst so finsteren, ascetischen Wohnungen, nun das Aussehen ruhiger Studirzimmer haben, wo die Religion wohl der Trost, aber nicht die Geißel ihrer Bewohner ist.

Auch der Anzug der Geistlichen deutet im Allgemeinen auf eine Milderung der alten strengen Zucht. Sie tragen häufig Stiefeln und Pantalons und eine Art schwarzen Priesterrockes, jenem nicht unähnlich, dessen sich die französische Geistlichkeit jetzt bedient.

ANTHONY BURGESS

(1917–1985)

Mozart und die »Wolf Gang«

MOZART
Kein andrer Ort ist wie Wien.
Wiens Dreck und Staubkrust'
Wiens Unzucht und Lust
Schwirrn mir im Kopf.
Erotische Fantasien
Und verweste Fäkalien
Dünsten aus Kanälen.
Wiens Schmutz mag ansporen,
Der Gestank der Eingebornen
Atmet Melodien.
Hier will ich bleiben.
Dahin will ich treiben.
Hier gehör ich hin.

SEKRETÄR (BARITON)
Aber Salzburg ist traumhaft.
Und sie ist nicht graunhaft
die Langeweile.
Ein Trunk von der Quelle,
Ein Gebet in der Kapelle
Sollten Euch reichen.
Sinnliche Genusssucht
Und verderbte Unzucht
Ziehn an uns vorbei.
Niemanden verwundert's.

Unter der Hoheit Blick
Ist Unser Geschick.

MOZART
Ein himmlisches Protokoll
Schuf diese höllische Stadt
Voll Freuden,
Wo auch senile Alte
flott mittanzen wie die Jugend
im Reigen.
Das Tempo ist hingebungsvoll
Wir genießen sehr lustvoll
Die Sonne.
Wiens Dichter sollen Hymnen
Artikulieren. Wien trägt
Die Krone.
Wien, nur Wien, nur Wien trägt
Die Krone.

SEKRETÄR
Obwohl sie nicht sehr geistvoll
Nützen Salzburgs Bürger g'rad
Wohl die Zeit
In grüblerischem Denken
Und Schweigen.
Teufeln kontern sie mit Groll.
Kein Platz für Feste sein soll
Mit Wonne.
Der Stadt voll feiner Tugend
Applaudieren wir. Sie trägt
Die Krone.
Salzburg, Salzburg, Salzburg trägt
Die Krone.

MOZART

Darüberhinaus ist Wien die Stadt des Fortepianos.
Die superbe Tastatur, das lebenswichtige Pedal. Hier
könnte ich meinen Erfolg begründen.

SEKRETÄR

Das Cembalo reicht für Salzburg allemal. Bleibt bei
dem Geklimper, gnädiger Herr. Ich muss fort, meine
Pflichten rufen. Nehmt Feder, nehmt Papier, komponiert.

WOLFGANG AMADEUS MOZART

(1756–1791)

an den letzten *Decret* den Hintern geputzt

apropós wie ist es denn mit dem erzbischof? – künftigen Montag wird es sechs Wochen daß ich von Salzburg weg bin; sie wissen, mein liebster Vatter, daß ich
nur ihnen zuliebe in … bin – denn – bey gott, wenn
es auf mich ankämme – so würde ich bevor ich dießmal
abgereiset bin, an den letzten *Decret* den Hintern
geputzt haben denn, mir wird bey meiner Ehre nicht
Salzburg – sondern der Fürst – die stolze Noblesse
alle tage unerträglicher – ich würde also mit vergnügen
erwarten, daß er mir schreiben liesse, er brauche mich
nicht mehr – würde auch bey der grossen Protection
die ich dermalen hier habe für gegenwärtige und zu-
künftige umstände genug gesichert seyn – Todesfälle

ausgenommen – für welche niemand stehen kann und
welche aber einen Menschen von Talenten, der ledig
ist, keinen Schaden bringen – doch – ihnen zu liebe
alles in der Welt – und leichter würde es mir noch
ankommen wenn man doch nur bisweilen auf eine
kurze Zeit weg könnte, um odem zu hollen – sie wissen
wie schwer daß es gehalten hat, diesmal wegzukommen.
ohne grosser ursache ist gar kein gedanke nicht – es
ist zum Weinen wenn man daran gedenkt – drum weg
damit – – Adieu! – ich küsse ihnen 1000mal die
hände und meine schwester umarme ich von ganzen
herzen und bin Ewig dero

> kommen sie bald zu mir Nach
> München – und hören sie meine
> opera – und sagen sie mir
> dann – ob ich unrecht habe
> trauerig zu seyn, wenn ich
> nach salz … denke! –
> gehorsamster Sohn
> Wolfgang Amadé Mozart

SIR PETER HALL

(∗ 1930)

Maggie bei Amadeus

Mozart ist nicht nur unendlich feinsinnig, er ist auch
unzüchtig und skatologisch. Manchmal denke ich,
dass die durchtriebenen Obszönitäten und Zweideutig-

keiten von Da Ponte in die Libretti hineingemogelt wurden, damit Mozart beim Komponieren kichern konnte. Aus seinen Briefen können wir ersehen, dass er ein wenig Schund und Schmutz genoss.

Peter Shaffer baute das auf provokante Art in sein Theaterstück *Amadeus* ein, für das ich am National Theatre Regie führte. Bei einer Aufführung brachte mich Mozart in große Schwierigkeiten. Margaret Thatcher kam, um das Stück zu sehen, und am Ende des Abends war sie offensichtlich verstimmt. Sie schimpfte mich wie eine Direktorin, die einen ihrer Schüler ertappte, als er sich gerade ungezogen benahm. Sie erklärte, sie hielte es nicht für richtig, dass das National Theatre von Großbritannien ein Stück aufführte, in dem Mozart so abstoßende Kraftausdrücke von sich gab. Ich murmelte, dass Mozarts Briefe mit solchen Ausdrücken geradezu gepfeffert seien; er erfreute sich, sagte ich, an Zoten. Die Premierministerin meinte, ich hätte Unrecht – es wäre unvereinbar, dass ein Genie, das solch elegante Musik komponiert hatte, eine derart unelegante Sprache verwendet hätte. Sie war verärgert, dass ich ihr widersprochen hatte. Ich sagte, ich würde eine Ausgabe von Mozarts Briefen an die Nummer 10 schicken, was ich auch tat, und im Begleitschreiben verwies ich auf ein paar unanständige Textstellen. Das Dankschreiben von der Privatsekretärin der Premierministerin vermied, auf Mozarts Skatologie einzugehen. Ich glaube, Frau Thatcher hätte Mozart die Mucken mit einer ähnlich schnellen Abfertigung ausgetrieben wie der Erzbischof von Salzburg.

WOLFGANG AMADEUS MOZART

(1756–1791)

sclaverey in salzbourg! 12. November 1778

Meine Empfehlung an alle gute freund und freundinen besonders an unsern wahren freund Bullinger. Ich bitte sie, liebster vatter, machen sie sich diese sache zu Salzburg zu nutzen, und reden sie so viell und starck, daß der Erzbischof glaubt ich werde vielleicht nicht kommen, und sich resolvirt mir bessern gehält zu geben, denn, hören sie, ich kan nicht mit ruhigen gemüth darauf dencken; – der Erzbischof kan mich gar nicht genug bezahlen für die sclaverey in salzbourg! wie ich sage, ich empfinde alles vergnügen wenn ich gedencke ihnen eine visite zu machen – aber lauter verdruß und angst, wenn ich mich wieder in diesen bettl-hof sehe! – Der Erzbischof darf mit mir gar noch nicht den grossen, wie er es gewohnt war, zu spiellen anfangen – es ist gar nicht unmöglich daß ich ihm eine Nase Drehe! – gar leicht; und ich weis gewis daß sie auch theil an meiner freüde nehmen werden; Adieu; – wissen sie, wenn sie mir 10 x: ersparen wollen; so adreßiren sie ihre briefe nach Mannheim allzeit:

à
Monsieur
Monsieur Heckmann Registrateur
de la chambre des finances de S: A: S:
Elec: Palatine
à
Mannheim.

Mozarts Schritt zum ›freien Künstler‹

Man kann nicht umhin zu fragen, was auch aus Mozart
geworden wäre, wenn er nicht schon in relativ jungen
Jahren so tief von der Besonderheit seiner musikalischen Begabung, von der Verpflichtung, ihr sein Leben
zu widmen, und von dem sinngebenden Charakter
dieser Pflicht überzeugt gewesen wäre. Hätte er die
Musikwerke hervorbringen können, denen er seine
spätere Einordnung als »Genie« verdankt, wenn er in
der kritischen Situation von 1781 nicht die Kraft gehabt hätte, dem Druck seines Landesfürsten, seiner
höfischen Vorgesetzten, seines Vaters, kurzum, der
vereinten Salzburger zu widerstehen? Besäßen wir
Opern wie die *Entführung,* den *Don Giovanni* oder
Die Hochzeit des Figaro, Klavierkonzerte wie die be-
wundernswerte Wiener Serie, wenn er damals in den
Salzburger Dienst zurückgekehrt wäre – mit allem,
was das im Sinne des Erzbischofs bedeutete – und
nicht oder nur sporadisch die Möglichkeit gehabt
hätte, an dem reicheren Wiener Musikleben mit seinem
(vergleichsweise) aufgeschlosseneren Publikum teilzu-
nehmen? Man wird auf diese Fragen keine unumstöß-
liche Antwort erwarten. Aber es ist sehr wahrscheinlich,
daß Mozart, wenn er sich um seines Lebensunterhalts
willen entschieden hätte, dem Befehl des Erzbischofs
zu gehorchen und das Gros seiner Arbeitskraft so zu
verwenden, wie sein Dienstherr es wünschte, in seinem

Schaffen auch weiterhin mehr an die traditionellen Formen des Musizierens gebunden gewesen wäre und weniger Spielraum gehabt hätte für jene individuelle Weiterbildung der höfischen Musiktradition, die für die Werke seiner Wiener Zeit und dann für seinen Nachruhm als »Genie« bezeichnend ist.

Mozart formulierte es nicht mit allgemeinen Worten; aber was er in dieser Krisenzeit sagte und tat, läßt erkennen, wie stark bei ihm das Empfinden war, daß er seine Erfüllung verfehlen würde, wenn er nicht die Freiheit hätte, den musikalischen Phantasien zu folgen, die in ihm aufstiegen – und zwar oft, ohne daß er sie kommandierte. Er wollte eine Musik schreiben, wie sie ihm seine Stimmen geboten, und nicht, wie sie ein Mensch gebot, der seine Ehre verletzte, der das Gefühl seines Eigenwerts herabwürdigte. Das also war der Kern seines Konflikts mit dem Erzbischof: eine Auseinandersetzung um seine persönliche, insbesondere auch seine künstlerische Integrität und Autonomie.

ERHARD BUSCHBECK

(1889–1960)

Purpur, Rosé und Flammenrot

Sie sitzen zu dreien gegenüber am Tisch. Zwischen ihnen liegt das gemeinsame Ziel: der Glaube des Papstes herrscht lückenlos wieder im Land. Scharf schauen sie alle Wege dahin ab. Verschieden sind ihre Blicke.

Gleicherweise verfolgen sie. Der Erzbischof macht seine Angaben über die Verfahren gegen die Abtrünnigen. Unter Leitung der fremden Mönche sollen sie statthaben. Zuerst müssen die Gesinnungen aller Beamten durchforscht werden. Feststehen soll die Treue eines jeden. Kein Ketzer darf fortan Richter, oder Gewählter sein. Keiner bei einer Pflegschaft bedienstet werden. Keiner selbst Schreiber irgendwo sein. Wenn die Leitung des Landes bis zu den kleinsten Händen hinab zuverlässig befunden ist: dann greife Umkehr in die Räder. Jeder Abtrünnige oder frevelhaften Glaubens Verdächtige wird vor eine erzbischöfliche Kommission gerufen, schwört hier ab und bekennt sich aufrichtig und für immer zur heiligen Religion, oder er verlasse das Land, binnen drei Wochen. Kein Unterschied darf bestehen, keine Ausnahme stattfinden. Lebt ein Katholik mit dem Ketzer in Ehe, ist die Ehe ungültig oder er wandere mit.

»Die Luft muß wieder rein sein im Land. Zu einem Gott sollen in ihm die Menschen beten: gnädig wird er dann über sie walten. Eine Religion verbinde alle zu einem Ganzen: Glück wird in ihrer Gemeinsamkeit wohnen. Nur wenn sie an den einen Gott glauben, können sie ihrem Fürsten gehorsam sein, der sie mit ihm verbindet. Ihr demütiger Glaube lenke die Fäden, die aus frommer Glut einem jeden nach oben streben, in meine Hand zusammen: als vereinigtes Band führ ich sie weiter, hinauf zu Gott dem Herrn.«

Die Mönche dringen darauf, das Volk zur täglichen Messe zu zwingen. Die Erfüllung der religiösen Pflichten sollte überwacht werden. Fromme Übungen die Verstockten anleiten, Widerstrebende umfassen. Umzüge durchs Land die Gewalt des Glaubens bekennen. Sichtbar sollte Maria die Himmelskönigin überall auferstehen.

»Die Menschen wollen ihren Glauben um den Priester sammeln. An Bildung und Umblick soll er sie überragen. Rein muß er vor ihnen stehen. Für uns heißt es: eine neue Priesterschaft ist zu erziehen. Gelehrte Schulen werden errichtet. In ihnen wachsen die künftigen Seelsorger auf. Sorge um den Geist soll sie tragen. Zucht des Lebens wird sie gewöhnen.«

Gerne stimmen die Patres dem bei. Manches erfinden sie noch dazu. Wolf Dietrich lenkt nochmals zum Anfang zurück. Ein Einfall war ihm gekommen.

»Wer auswandert, hat sein liegendes Gut zu verkaufen. Nur was einer selbst mitnehmen kann, darf ihm ferner gehören. Alles Vermögen, das aus dem Lande getragen wird, verliert ein Zehntel als Steuer der Auswanderung an die Kassen des Erzbistums.«

Die Mönche gehen. Unverändert sind ihre Mienen. Kein Verstehen zeichnet sie und keine Gebärde des Herzens. Das Zimmer erhellt sich? Atmet es auf?

Zwei harte Gesichter aber tragen die Strenge des befehlenden Geistes hinaus in die Stadt und über das Land.

Wolf Dietrich und Salome waren in einer Sänfte aus der Stadt gekommen. Die Luft des Landes umgab sie mit frischen Hauchen. Die Augen ruhten am Grün, das breit auf Erde dahinzog. Über der Brücke, am anderen Ufer war ihnen die Stadt geblieben.

Hoch und zitternd stehen die Gräser in den weiten Auen. Ein östlicher Wind raschelt in den alten Weiden. Hinter leicht geschwellten Hügeln liegt hier der Fluß.

Nicht bergschnell, wie noch in der Stadt, breit und glänzend strömt er zur Ebene. Im Rücken wachen leuchtend, steinern die Berge.

Trotzdem sich der Sommer schon der Reife zu neigte, lag in der Luft noch ein Ungewisses, lagen im Zittern Fragen, ein Werben und Werden, Ohne Weg gehen die beiden durch Gras und Au. Seine Hand faßt die ihre, »Salome, siehst du diesen Arm des Flusses, träge schleicht er durchs Schilf und scheint stille zu stehen. Ein weiter Umweg erst bringt ihn zurück zum väterlichen Lauf. Künftig soll er sich nicht von ihm trennen! Sein Bett wird schwarze Erde füllen, das Auf und Ab des Bodens geglättet liegen, die Weiden werden fallen und die Wildnis verschwinden: festlich wird uns ein Garten umglänzen, Rosen blühen über grünem Rasen, Lauben und Hecken schlingen sich durch, marmorne Ballustraden begrenzen, hohe Vasen und Statuen ragen weiß auf. Dort aber, vor jenen breiten Hügel wollen wir ein Schloß bauen, fürstlich soll es in den Garten lachen, das Schloß unserer Liebe. Welchen Namen es tragen wird?«

»Den ihm deine Liebe gibt.«

»Wie klingt es – Altenau? Mit ihm sollst du das Schloß und den Garten besitzen.«

»Auch unsere Kinder werden den Namen haben. In ihnen gehört dann alles doch wieder dir.«

Sie gehen über diese wilde Erde und sehen sie nicht mehr und fühlen sie nicht. Schon ist sie ihnen im Geiste gebändigt, eben vor ihre Füße hingebreitet und für die Augen in Gestalten gelegt: als trüge sie schon das Glück, das sie künftig hier sich bereiten.

GERTRUD LENT

(1873–1935)

Auf faulem Stroh, im Dunkel.
Firmians Kerker für Protestanten

Am vierundzwanzigsten November, dem Samstage
vor dem letzten Sonntage nach Trinitatis, rückten in
allen Pfleggerichten Salzburgs Musketiere und Dragoner
vor. Von Tenne, Heuboden, Stall, Stube, Feld, Garten,
Werkstatt, Wald holten sie die Unangesessenen.

»Ins Haus? Koane Spassetteln! Weida! Mit! Voran!
fort, fort, fort!« Niemandem wurde vergönnt, ein Packerl
zu richten, der nicht grad in seiner Kammer war, nicht
sein Bündel bereithatte. Wenig Eheleute waren unter
ihnen, wenig Kinder. Doch Alte, Zurruhgesetzte, die
ein Gnadenbrot hatten, Krüppelhafte. Achthundert
Menschen. Auf Salzburg! Oes braucht's Pässe! In
Scheunen und Ställen übernachteten sie. Darunter
Mägde mit kleinen Kindern. Veitli bei ihnen. Er weinte
nicht. Trotzte nur. Hatte seine Geißel bei sich und in
der Hast des Aufbruchs wirklich eine Pelzjoppe er-
hascht. Der Lehrer Gapp fand sich ein, die Bacher-
leute, denen Haus und Hof genommen.

Matthias, der Prediger, ritt in die Stadt, auf einem
Braunen Weitmosers, in warmem Mantel, den Frau
Kreszenz ihm aufgedrängt. An ihn war noch kein
Befehl ergangen. Ihm glückte es, Nahrung zu be-
schaffen – gar viele waren ohne einen Heller aufge-
brochen. Er war es, der von Person zu Person ging,
Paß um Paß besorgte. Da waren Männer, die ihre

Weiber suchten, Mütter ihre Kinder. Es stießen Freiwillige zu ihnen, denn Brüder ließen nicht von ihren Schwestern, Frauen nicht von den Männern. Der Aufenthalt in Salzburg zog sich hin. Die Regierung hatte nichts vorbereitet. Immer neue Zuzügler. Immer wieder stand Matthias in Rallos Schreibstube, wies seinen Regensburger Ausweis, verlangte Pässe und Abzugsscheine, stand groß und überschlank in dem langen, schwarzen Rock, der seinen Stand offen zeigte, das sonst blasse Antlitz gerötet. So trat er auch in den Elendsquartieren der Exulanten den römischen Priestern gegenüber, die auf Befehl ihres Bischofs Bekehrung zum katholischen Glauben predigten, Dann konnte er plötzlich mitten unter der frierenden Menge sein, und dem papistischen Geistlichen schwoll das Lutherlied entgegen, Schaitbergers Strophen oder eine Adventspredigt.

Matthias hatte Lisa nicht aufgesucht, um sie nicht zu gefährden. Vielleicht auch, um ihr das Herz nicht noch schwerer zu machen.

Stötzel erschien plötzlich bei ihm. Baron Altlehen hatte den Befehl zur Emigration erhalten. Sein Gütchen – es war ja nur noch das Schlössel mit dem bissel Garten und Grasland herum – war klipp und klar aufgerechnet gegen unbezahlte Steuern und Abzugsgelder für zwei Töchter, die sich der Ketzerei ergeben. Auf erzbischöfliche gnädige Intervention gestatte man ihm freien Abzug in einem Wagen oder »Gaon«, da ihm Laufen und Reiten allzu schwer ankomme.

»Und die Baronin?«

»Sie soll bleiben! Wird wohl bei der Gräfin Zürggl oder Bogenhausen unterschlüpfen – den beiden Alten drückt es schier das Herz ab –, sie hat aber vor, zu folgen!«

»Und – Lisa? Baroneß Lisa?«

»Sie weiß von nichts –«

»Sie wird wohl mit den Angesessenen und der Mutter nachkommen müssen – Stötzel, Bruder! Du mußt ihr beistehen, bis ich zurück bin!«

»Der Weitmoser und ich! Ist schon abgemacht!«

Kurbayern zögerte mit der Durchreiseerlaubnis. Ketzer in katholische Bezirke?

Bettelvolk? Wer zahlt Verpflegungsgelder?

Es ging Weihnachten zu. Die Kälte wuchs. Den Krüppeln und Kranken wurden

Wagen bewilligt.

Matthias war unermüdlich.

Siebenunddreißig Personen bekannten sich zur katholischen Kirche zurück. Kein Wort verschwendete er an sie. Mit schüchternen Abschiedsgrüßen verließen sie die kalten Herbergen der Glaubenstreuen, um in ihren Dörfern als »Anglöckler« oder »Anhörbiger« der Adventzeit von Haus zu Haus mit frommen Sprüchen »Glöckibetn« und milde Gaben sammeln zu gehen.

Am siebzehnten Dezember großer Lärm schon vor Anbruch des dunklen Tages bei den Scheuern der Exulanten. Die Tore fliegen auf. Soldaten. Kommandos. Die Frühglocken bimmeln grad von allen Kirchen der Stadt. Verschlafene und frierend Wachende fahren auf. An der Schifflände ist noch so schwarze Nacht, daß man die Salzach nur rauschen hört. Lichter blinken von Schiffen und spiegeln ins Wasser hinein. An Bord! Dumpf die einen, fröhlich die andern, drängen die Emigranten auf die Fahrzeuge. Salzach hinab, Laufen zu, nach Tittmoning zur bayerischen Grenze.

GERHARD AMANSHAUSER

(* 1928)

Die Kirchen

Einst waren sie stark, am stärksten im Innern, sozusa-
gen magnetisch oder elektrisch geladen. Man konnte
sich leicht an ihnen verbrennen, einige Unvorsichtige
wurden zu Asche. Was rings um sie geschah, war
schwach und zerstreut, episodenhaft, ziemlich erbärm-
lich: Geplauder, Flüche von Kutschern, Peitschenge-
knall und Wagengeratter über das Kopfsteinpflaster.
Und manchmal, um auch das noch zu bannen, wurden
magnetische Pole herausgetragen: Da duckte sich
alles; auch die Geräusche duckten sich zu einem Flü-
stern.

Doch das Getriebe rings um die Kirchen nahm
langsam zu. Und wurde vorlauter, so wie der Lärmpe-
gel einer Schulklasse allmählich steigt, wenn sich
Schwächen des Lehrers abzeichnen. Nichts ist so
feinfühlig wie die Frechheit, wenn sie nach Ansatz-
punkten tastet und Nuancen des Nachgebens aufspürt.
Konnte man sich an der Kirche noch die Finger verbrennen? Immer riskiert die ruhelose Masse einzelne
Tentakel, die sich vorwitzig ausstrecken, um an das
Verbotene zu rühren.

Kein Zweifel: die Kirche wurde ungefährlicher. Das
Kraftfeld im Innern ließ nach, auch wenn sich außen
noch prunkvolle Schalen ansetzten. Der Chorgesang
schien sich in einem hohlen Raum zu verlieren. Man
wurde erbaulich gestimmt.

Wie aber die Kirche schwächer und schwächer wurde, so nahm rings das Getriebe beständig zu. Aus Einzelbewegungen begannen sich Ströme zu formen, Geräusche vereinigten sich zu Sequenzen, Pausen der Stille wurden kürzer und kürzer.

Schließlich bildete sich ein zusammenhängendes Strömen und Dröhnen, in dessen Mitte die Hohlräume der Kirchen standen, als sei alle Energie, die einst im Innern gezähmt war, ins Freie entsprungen und draußen verwildert.

Ein ununterbrochenes, feines Zittern nagte am hohlen Gemäuer, bis außen kleine Teile absprangen. Verzierungen, Flügelspitzen, Kreuzsplitter und Fingerglieder von segnenden Händen. Und auf den verwaschenen Engelsgesichtern, zu denen als Weihrauch verschiedene Säuren aufdampften, erhoben sich nur noch die syphilitischen Nasen.

BOGDAN BOGDANOVIĆ

(∗ 1922)

Alchemie und Architektur –
Plätze um den Dom

Der Raum um den Salzburger Dom ließe sich auf zwei völlig verschiedene Weisen deuten: vor allem als eine Anlage dreier kleinerer, um einen Zentralbau gruppierter Plätze. Man kann das Ganze aber auch als eine sehr große, dreigliedrige Platzanlage verstehen.

Ich persönlich neige eher zu dieser zweiten Betrachtungsweise. Damals, irgendwann in den späten fünfziger Jahren, hatte ich etwas darüber geschrieben, vorgetragen, diskutiert. Dieser dreiblattförmige Markt hatte mich begeistert, dieser Platz mit dem Umriß eines Kleeblattes. Ich war damals noch jung und mutig genug und kam so ohne viel nachzudenken zu dem Schluß, daß der ungewöhnliche planimetrische Umriß des Platzes geheimnisvollen alchemistischen Spekulationen entsprungen sein müsse. Es ist wohl kaum notwendig zu betonen, daß ich damals nicht über weiß Gott welche Kenntnisse auf dem Gebiet der Alchemie verfügte. Es scheint jedoch, daß mich meine Intuition auf den richtigen Weg gelenkt hat.

Es liegt fast schon ein halbes Jahrhundert zurück, als ich an einem nebeligen Morgen – müde und unausgeschlafen – das erste Mal durch Salzburg schlenderte. In den Nachkriegsjahren übernachteten Touristen von meinem Rang oft in den Warteräumen am Bahnhof, oder sie dösten – in einer etwas vornehmeren Variante – bis zum Tagesanbruch in den Bahnhofsrestaurants. Eben nach so einer halb durchgemachten Nacht begab ich mich auf den Weg in die Stadt. Es war Ende Oktober, und meine Schuhe ließen Wasser durch. Trotzdem gelangte ich in allerbester Stimmung zur Stirnseite des Salzburger Domes und hielt dann plötzlich etwas irritiert an. Ich hatte den Eindruck, einen vornehmen Ehrenhof beschritten zu haben, durch den es keinen Durchgang gibt und wo man vielleicht auf dem gleichen Weg zurückkehren muß – eine Tatsache, die nicht einmal Spazierwütige besonders schätzen. Zum Glück erkannte ich, daß es doch Durchgänge gibt, diese jedoch fast versteckt in den Ecken des gepflasterten Rechtecks untergebracht sind – eines Rechtecks allerdings, das aus dieser Perspektive eher quadratisch als rechteckig wirkte … Ich entschied mich für den linken, nordseitigen Durchgang, und ich glaube, daß ich auch viele Jahre später und des öfteren den gleichen Weg genommen habe. Und jedes Mal, nachdem ich um die Kirche gegangen war, kehrte ich durch den südseitigen Durchgang wieder zurück und kam dort an, wo mein Rundgang begonnen hatte.

Damals, an jenem Morgen, der schon dermaßen weit zurückliegt, dachte ich noch nicht über die Symbolik der Bewegung von links nach rechts – oder umgekehrt – nach. Die pythagoräischen, antithetischen Kategorien hatte ich noch nicht studiert. Platon hatte ich noch nicht gelesen, denn ansonsten hätte ich verstanden, daß ich, da ich mich für die »Bewegung in Richtung linker Hand« entschieden hatte, eine Umlaufbahn übereinstimmend mit jener der Sonne gewählt hatte (vgl. Gesetze, 760 c, d). Abgesehen von seinem oftmaligen Abschweifen bewegt sich auch der Mond in derselben Richtung, denn es ist bekannt, daß diese strahlenden Läufer des Himmels ständig im Wettstreit liegen, auch wenn sie sich selten begegnen.

Heute frage ich mich oft, ob mich diese schlaue Inszenierung der alten Baumeister veranlaßt hat, das monumentale Bauwerk immer auf die gleiche Weise zu umkreisen. Genaugenommen enthielt schon meine anfängliche Verblüffung auch ein Quentchen metaphysischer Neugierde. Meine Füße waren naß, mein Kopf jedoch glühte. Ein Zustand also, den die Regie nicht vorhersehen konnte und den die Alchemisten wohl als *humidum ignis,* als »nasses Feuer« bezeichnet hätten. In meinem Fall hatte dieses jedoch seine subtilen Eigenschaften mit einer Art zusätzlicher Energie versehen, damit ich von Platz zu Platz laufe, von Sektor zu Sektor. Mein symbolisches Umkreisen dieses Großen Geheimnisses hätten die alten Alchemisten vermutlich als *rota,* als *circulatio,* ja sogar als *opus circulatorium* bezeichnet.

Man kann es leicht erahnen – hier ist die Rede von alchimistischen Metaphern, ja sogar von Allegorien, die sich vornehmlich auf die Antriebskraft der Sonnenbewegungen in der Natur beziehen, und diese galten gewiß auch in philosophischen Experimenten als eine Art von Chemie; gewiß eine mystische, aber dennoch Chemie: *Sol nihil aliud est quam sulphur et argentum vivum.* Behauptungen dieser Art gab es zu Tausenden in unterschiedlichsten Variationen, in der Regel jedoch immer dreifach gegliedert. Die Alchemisten richteten sich nach dem Grundsatz einer Dreiteilung der sichtbaren wie auch der unsichtbaren Welt *(trimeria),* einer dreigliedrigen Klassifikation von moralischen und mentalen Kategorien wie auch der ganz profanen, alltäglichen Erscheinungen. An dieses triadische Prinzip erinnert auch die dreiteilige Gliederung des Raumes um den Salzburger Dom. Der Umriß des Platzes in Gestalt eines dreiblättrigen Klees scheint aus einem Herbarium des Paracelsus übernommen:

»Nun sind die drei ersten Stück, nämlich ignis, sal und balsamus. Das sind drei Ding, und ein jeglichs corpus ist aus den dreien, nicht allein die Elementen, sondern auch ihre Früchte, so von ihnen kommen.

Als nämlich die Erden ist in ihrem corpus dreifach, Feur, sal und balsamus, und was aus ihr wächst, das ist auch in drei Species dergleichen: als ein Baum, des corpus ist ignis, sal balsamus, also der Kräuter auch. Also ist das Wasser, ist auch ignis, sal, balsamus, und was vom Wasser wächst, ist dergleichen nichts als ignis, sal, balsamus. – Nun sollet ihr wissen, daß diese drei ersten, Feur, sal und Balsam, wohl mögen mit anderen Namen auch genennet werden, wie ich in der Philosophia melde: als Feur ›sulphur‹, als sal ›Balsam‹, als liquor ›mercurius‹. Das wär: sulphur, balsamus und mercurius sind drei, die da geheißen werden prima materia rerum.«

Wie und warum beginnt die dreiteilige Gliederung des Raumes? Das entscheidende Moment ist natürlich das Erscheinen des Domes auf der Szene, genaugenommen: inmitten der Szene. Schon die Auswahl seiner Lage war für die weitere Gliederung prädestinierend oder hatte diese zumindest ermöglicht. Es ist mir nicht bekannt, ob die ursprünglichen Skizzen von Scamozzi bereits die heutigen drei Plätze vorgesehen hatten, und noch weniger, ob ihnen schon damals jemand eine besondere Bedeutung zugedacht hatte. Hatte Solari wohl, als er dieses Projekt übernahm, einen Ratgeber an seiner Seite? Als Fischer von Erlach hundert Jahre später die Bauleitung der Karlskirche übernahm, hatte er ein ganzes Gremium von Theologen und Gelehrten zur Hand. Meister Solari jedoch lebte nach Vollendung der Kirche noch 18 Jahre in Salzburg. Er hatte also Zeit, die Dreiteilung fortzusetzen beziehungsweise zu Ende zu führen.

Die wichtigste Frage bleibt jedoch, ob die Alchemie solch einen Einfluß auf ein räumlich-architektonisches Vorhaben ausüben konnte. Ich glaube, daß dies nicht nur möglich ist, sondern sogar wahrscheinlich. Besonders in Salzburg, der Stadt des Paracelsus, und noch dazu in einer Zeit, wo es ein reichhaltiges Angebot an alchemistischer Literatur gab und diese sich in jenen Tagen höchster Beliebtheit erfreute. Obwohl auch heutzutage nicht ganz ohne Bedeutung, muß außerdem die Wirkung gedruckter Worte auf Architekten und Architektur damals noch viel intensiver gewesen sein. Inwiefern die »Alchemien« von heute ihre Spuren in den Vorhaben und Irrungen der zeitgenössischen Architektur und des zeitgenössischen Städtebaus hinterlassen haben, wird sich erst irgendwann später weisen. Damals aber muß die Auswirkung von Worten nicht bloß sehr intensiv, sondern auch fatal gewesen sein; eigentlich verständlich für eine Kulturepoche in Europa, als das Wort – »logos« – viel mehr Glaubwürdigkeit und Energie innehatte als das Wort – »slogan« – von heute, das in unserer Zeit dominiert und auch wütet.

(* 1924)

Salzburg Pachermadonna Franziskanerkirche

zwischen den Zimtbäumen
in dem Jahrhunderte später hingehaltenen
Spiegel die Augen blau verhüllt
der Madonna niedergeschlagen die dunkle
Traubenfrucht in der Linken, im
konzentrischen Morgenstern zu beiden Seiten
des Throns die Blütenlaube die Hand
die zu berühren mich verlangte
in nicht berührbarer Nähe Kehlenkusz im Geflüster
das schmallippige das schöne
Kind hinter Wachspapierhäutchen wie damals, Turm
und Gehäuse der alte Beichtstuhl von damals, das
Erwachen an Augen, wir machen pausenlos Lebens
fehler,
aber die schwebenden Köpfe
der Engel gekeilt in die strahlenden
Lanzen, transparenzkissenschwer (»Himmel
auf Erden«)

für Bodo Hell

HANS SACHS

(1494–1576)

Ein lobspruech der stat Saltzburg

Unter den Bergen zog ich 'nein
Ein engen Weg; das daucht mich sein
Gar seltzam, bis ich kam zum Thor;
Da stund ein alter Man darvor.
Den bat ich mir zu sagen her,
Wie diese Stat genennet wer,
Die also in den Birgen leg?
Er antwort mir auf mein Fürtreg.
»Saltzburg, so haist mit Nam die Stat.
Die gar ein alten Ursprung hat.«
Ich bat ihn, das mir zu erklern.
Er sprach zu mir: »Von Herzen gern:
Setz dich ein Weil nieder zu mir
Mit Kuertz wil ich's erkleren dir,
Swie das die Cronica in hat.
Saltzburg ist ein uralte Stat,
Welche auch vor Christi Gebuert
Ursprincklich angefangen wuerd.

Das Volck, so im Birg wonen thet,
Thaurisei seinen Narnen het.
Als Julius der erst römisch Kaiser,
Der Welt ein gwaltiger Durchraiser,
Wolt an der Thunau zu sein Zeiten
Die deutschen Völker auch bestreiten,
Da ließ er auf deni Nunberg groß

Bauen das notfest, werlich Schloß,
Darin die römisch Ritterschaft
Möcht haben ein Zufluecht und Kraft.
Bis man nach Christi Geburt zwar
Zelt virhundert und fünfzig Jar,
Da mit den Hunnis thet bestreiten
Künig Atila zu seinen Zeiten
Viel großer Stet im deutschen Land
Ellent zerstört mit Mord und Brand;
Da wurd auch diese Stat zerstört,
Das Volck austrieben und ermördt.
Also lag diese Stat verwar
Oed auf hundert und dreißig Jar
Verwachsen mit Baurn, Stauden und Gstreus.
An alle Wonung und Geheus,
Bis aus Franckreich von künckling Stamm
Ruprecht, der heilig Bischof kam.
So ward die Stat gebauet wieder
teglichen und gemeret sider,
Dahin Sant Ruprecht hat zuletzt
Den bischöflichen Stuel gesetzt,
Da vier und vierzig Jar regiert,
Nach ihm Sant Vital gubernirt,
Nach dem Virgilius vertraut
Den bischöflichen Thuem erbaute
Sant Ruprechts Leib darein bestatt;
Nach dem Bischof Gebhardus hat
Die Schlösser verneut aussen und innen,
Die Statmauer mit Thuern und Zinnen
Befestiget und wolgeziert
Wie vor Augen gesehen wird.
»Also«, sprach er denn, »fremder Gast,

240

Hiemit Ursprung und Anfang hast
Saltzburg, der bischöflichen Stat,
Die groß aufgenommen hat.«
»Sag, was hat die Stat für einen Handel?«
Er sprach: »Es ist ain großer Wandel
Ein namhaft und ain genge Straß
Der Deutschen, so an Unterlaß
Da webern mit g'werbiger Hand
Durch das Gebürg in das Welschland,
Und in andre Land hin und wieder,
Deshalb legt man zu Saltzburg nieder
Viel Kaufmannswar g'waltig und stark;
Auch ist da große Meß und Marck
Ruperti mit kaufen und verkaufen
Da sehr viel Kaufleut kumen ze haufen.
Von Hella bringt man dar das Saltz,
Aus dem Birg bringt man Käs und Schmalz,
Aus dem Welschland mancherlei Wein,
Vom Neckar, Franckenland und Rhein,
Auch her man da guet kaltes Bier,
Auch het es um der Stat Revier
Viel Weiher, See und Bächlein frisch,
Darin man hecht allerlei guet Fisch,
Auch in Gebirgen vern und nahen
Ist Vogel und Wildpret zu fahen
Auch in den Thälern Wunn und Waid;
Aus Bairen bringt man viel Getraid,
Auch Brot und Flaisch, daß ich dir's kuertz,
Allerlei Specerei und Wuertz
Findt man teglich in rechtem Kauf,
Derhalb die Burgerschaft nembt auf
An Ehr und Guet, zimlicher Narung,

Wie du wirst haben in Erfarung,
Wo du ein Zeitlang hie wirst sein.«
Ich dankt dem Alten, ging hinein,
Beschauet die Stat umadum,
Da fund ich Summa Summarum
Mehr Guets und Loblichs in der Stat,
Denn mir der Alt anzaiget hat.
Das itz Lob, Preis und Eren g'wachs,
Von Herzen das wünscht ir Hans Sachs.

NICHOLAS HUBER

(1833–1887)

Das Hahnengikerl

Zur Zeit, als der berühmte Wunderdoktor Theophrastus
Paracelsus in Salzburg lebte, kam eine fremde wunderschöne Königin dahin, sich wegen eines hartnäckigen
und sehr schmerzhaften Übels bei ihm Raths zu er-
holen. Aber selbst dieser hochbegabte und grund-
gelehrte Arzt konnte ihr nicht helfen. Als sie nun eines
Tages weinend und betrübt allein in ihrem Gemache
im Gasthofe »zum Schiff« saß, erschien ihr plötzlich
ein Bergmännlein aus dem Untersberge und sprach:
»Ich heiße Hahnengikerl und will die Königin von
ihrer Krankheit befreien, aber sie müßte sich meinen
Namen ein Jahr lang merken, widrigens ich über ein
Jahr und einen Tag wieder erscheinen und die Königin

als meine Gemahlin in den Untersberg mitnehmen würde.«

Das Bergmännlein verschwand und die Königin genas zusehends; sie vergaß aber, wie es in Tagen des Glückes zu geschehen pflegt, sogar den Namen ihres Wohlthäters. Endlich rückte der vom Bergmännlein gesetzte Termin heran und die schöne Königin war bereits ob ihrer Vergeßlichkeit in großer Angst. Da begab es sich, daß ein frommes Mägdlein, die Tochter armer Eltern, um heilkräftige Kräuter zu suchen, auf den Untersberg stieg. Immer höher und höher klomm sie hinan, hielt aber plötzlich inne, denn aus einer unter Latschen (Legföhren) verborgenen Steinkluft sang und jubelte es mit Stimme:

> »Juchhe! bin i froh,
> daß d' Königin nit weiß,
> daß i Hahnengikerl heiß.«

Alles liegen und stehen lassend eilte das Mädchen, welches bereits von der Königin und ihrer Verlegenheit gehört, sogleich nach Salzburg, wurde vorgelassen, und nachdem sie das eben Vernommene vorgetragen, von der überglücklichen Königin so reichlich beschenkt, daß sie und ihre Eltern lebenslänglich versorgt waren. Die nun ganz gesund gewordene Königin reiste darauf in ihr Land zurück, lebte daselbst viele, viele Jahre in bestem Wohlsein und entschlief endlich hochbetagt und selig in dem Herrn.

Friedhof St. Peter

wirkungsvoll verteilt das grün
und die grabsteine bibelbuchgleich:
eine schönheit, die ist im tod.
aber an der felswand unter den arkaden:
logen auch im jenseits, luxusstaub,
ungleichheit, geplant für ewigkeiten.

zufällig wird gebohrt am felsen,
der kompressor laut über allem
und die ruhe dahin unter den reichen Leichen.

ungleichheit, geplant für ewigkeiten,
die es vielleicht doch nicht immer geben wird.

DER MÖNCH VON SALZBURG

(2. Hälfte des 14. Jahrhunderts)

Liebesbrief der Hofgesellschaft

I Wir, die fünfzehn allesamt
der Hofgesellschaft hier
des Hofs von Salzburg tun nun kund
mit diesem Brief zu dieser Stund

den Frauen, die uns so verletzt,
dass uns verlangt im Herzensgrund
mit euch zu sprechen Mund zu Mund;
das macht uns wieder ganz gesund,
denn herzlich ist doch unser Bund,
und diese Sache steht doch so,
dass euer Trost in lieber Art
uns soll befrei'n von Herzeleid.
Daher sind euch auf jeden Fall
doch unsre Herzen stets bereit
in ganzer Treue ohne Falsch.

II   Wir sollen doch beständig sein;
wer das nicht wär',
den gebe niemals einer frei,
er sei denn treulos und nichts wert.
Gesellschaft ist von solcher Art,
dass sie die Regeln niemals bricht;
ein Übler stört den rechten Weg,
wenn das auch gar nicht bös gemeint,
doch keiner von uns gebe nach;
den Bösen soll'n wir hassen gleich,
denn er hat keinen Bürgersinn.
Wer sich auf diese Seite schlägt,
der geh' mit uns nicht in den Rat,
mit Recht hat man das so gemacht,
das hat uns niemals noch getäuscht.

III   Die fremde Liebe lockt uns nicht,
obwohl es schmerzt,
wenn man die liebste Sach' entbehrt.
Das Leid ist doch in Treue gut

statt falscher Lust, die's immer gibt.
Ein jeder gute Freund sei froh,
wenn er in rechter Treue lebt,
denn Wankelmut der taugt doch nichts;
ein treues Herz brach nie die Treu',
so wollen wir es halten auch.
Die Urkund' ist ohn' Hinterhalt
am Kaiserhof geschrieben hier,
hoch auf der Alm in diesem Herbst,
jetzt dreizehnhundert Jahr' nach Christ
und dreimal dreißig minus drei.

Die schöne Nacht

I   Denk' ich an diese schöne Nacht,
die mir ein roter Mund geschenkt,
und denk' ich an sie in der Nacht,
dann wünsch' ich, dass ich ihr stets dien'
und durch die Huld verdienen könnt'
den lieben Gruß am Morgen:
Solche Süße könnt' mir nehmen
im Herzen meine Traurigkeit.

II   Ihr edles Wesen, weiblich zart,
kann wie's gehört recht fröhlich sein,
dass mir ihr liebes Wort mehr bringt
als wenn man sonst in Freuden lebt.
Ihr Gruß dringt wahrhaft mir ins Herz,
den mir ihr Blick zusendet:

Sie schmeichelt und sie gibt sich
für Arm und Reich ganz makellos.

III   Besond'res Glück wurd' mir zuteil:
die schöne Nacht, als sie geliebt;
sie sollte jede Nacht neu sein
und in Gedanken mich erfreu'n.
Den »guten Tag« sag' ich ihr dann,
das lindert meine Schmerzen,
ihr Scherzen ist mein's Herzens Freud',
das kann sie gut in höf'scher Art.

Das goldne Ringlein für Maria

I   Mein Trost, Maria, Jungfrau rein,
zu deiner Ehre habe ich
ein goldnes Ringlein kunstvoll dir gemacht;
sechs Edelsteine zieren es,
den Namen zeigen sie,
den deine jungfräuliche Güte trägt:
      ein J mit Perlen, auch ein H,
der Topas trägt es schön,
das E hat der Smaragd in Keuschheit fein,
ein S aus Osten der Rubin,
ein V hat der Saphir,
ein Diamant der zeigt das S dazu.
Ich bin in Sünden ganz verstrickt,
hab' wenig Gutes je vollbracht,
nur schwache Kunst, ein schlecht' Gedicht,
doch tröstet Zuversicht mein Herz:

Denn kein Mensch kann so elend sein,
dass nicht dein jungfräulicher Blick
ihn tröstet, wenn er dir vertraut.
So schenk' ich, liebe Mutter, dir
zum neuen Jahr das Ringlein hier.

II   In Perlenweiß ist nun gehüllt
die Zeit, der Schnee herrscht jetzt,
der Jänner kalt, der Hornung auch.
Reif macht die Früchte fahl und alt,
die jung Maria eilt,
dass mannigfalt'ge Blümlein dienen dir.
        Das neue Jahr fängt glücklich an,
weil Christ beschnitten war
und auch drei Könige geritten war'n,
und Sankt Johannes taufte ihn,
und was dann Jesus tat
zu Kanaan: Aus Wasser wurde Wein.
        Zu Lichtmess machtest du die Fahrt,
so hilf uns, keusche Mutter zart,
dass Leib und Seele sei'n bewahrt
schneeweiß so wie der Perlen Art.
Dass Fastnachtfreud' uns nicht verletzt,
uns deine Güte nicht verlässt,
darum mach', Garten voller Heil,
dass dürre Seelen schöpfen Kraft
durch deines Heiligen Geistes Macht.

III   Und März, April, die Monate
die werden gelb bereits
wie ein Topas, ich glaub', dem Winter graut's.
Die heilige Fastenzeit die kommt

mit ehrenhaftem Lohn,
der Mensch der läutert sich wie Gold.
       Und die Verkündigung bringt Heil,
mit rosarotem Blut
hat uns dein Kind am heiligen Kreuz erlöst,
als er dort starb mit Mannesmut.
Die Auferstehung war
die Rettung von der Hölle, die er brach.
       Hilf denen, die er so erlöst,
wenn dann die heilige Zeit anbricht,
dass jeder meid' die Übeltat,
und lass' ihn reuen früh und spät
die Schuld und folgen Priesterrat,
dass ihm dann Gottes Majestät
geb' endlich seiner Engel Kleid,
das er den Braven ewiglich
wird geben in dem Himmelreich.

IV   Der Mai gibt mit dem Brachmai dann
des Smaragds grüne Zeit,
im Wettstreit schön ertönt der Vöglein Sang,
ein jedes freit das Liebste sich,
Berg, Anger, Heide auch
sind wunderschön bedeckt mit Laub und Gras.
       Dein's Kindes Auffahrt nahmst du wahr,
der Tröster lehrt' dann den
Aposteln alle Sprachen dieser Welt.
Der Seele Rettung brachte ihre Lehr',
du Magd, hilf fröhlich uns,
du keusche, grüne Blume, die ohn' Dornen war.
       Mache, dass ein jeder hat
die Andacht am Fronleichnamstag,

dass man für ihn so sing' und sag'
und ihn mit jedem Schmuck umtrag,
wie es ihm recht von uns behag'
und uns die Höllenpein nicht kriegt.
Dein' Hilf', Maria, kann das gut,
Johannes bittet dich darum,
kein heiliger's Kind trug je ein Weib.

V   Heumonat, August, die röten sich
    wie ein Rubin so schön,
    mit heißem Schein kommt mancher arge Schauer.
    Das wend' mit deiner Gnade ab,
    schütz' alle Früchte fürsorglich
    vor Übel, sei uns und auch ihnen Schutz.
        Die bösen Tage wehre ab,
    dass nicht die Hitz' verzehr'
    die Menschen dann, die dumme Kreatur.
    Führ' uns zu Buß' und Bess'rung hin,
    ein langes Leben gib,
    das Sündenmeer verbrenn' durch deine Gnad'.
        Denk an das freudenreiche Lied;
    weil du einst in den Himmel fuhrst,
    hast du das Beste und das Glück,
    und deine Vollmacht ist so groß,
    so tröst' uns in dem Jammertal,
    denn unsre guten Werk' sind klein,
    in Sündenfeuer worden fahl.
    Mach' uns mit guten Werken feucht,
    dass uns das göttlich Licht erleucht'.

VI   Zwei Herbstmonate bringen Wein
    und Brot gegen Durst und Hunger auch,

die Zeit ist heiß und rot, dann saphirblau.
Die Waage kreuzt der Sonne Weg,
die sich so hoch gezeigt,
die Hitz' ist tot, der Wind treibt sie zur Flucht.
Hilf nach der Christenleut' Gebet,
wenn man das Korn jetzt sät
und Grummet mäht, dass uns die Sonne schein'.
Wenn hoher Wind in Lüften weht,
dann mach' das Wetter stet,
bis man dann erntet und erhält die Frucht.
      Du immer währender Stamm des Heils,
wie wunderbar war die Geburt,
die uns Frau Anna einst beschert,
von dir hat Gott die Menschgestalt.
Ihn mach' uns, reine Magd, so mild,
dass er uns nimmt der Sünden Schmach,
die uns seit Adam haftet an,
und auch des Heiligen Geistes Hauch
behüt' uns vor der Hölle Gruft.

VII   Mit allen Heiligen fängt an
der Winter, und die Sonn'
erhellt die Dunkelheit des Diamants.
Der Tag ist kurz, die Äst' sind fahl,
die Erde nährt die Wurzeln jetzt,
das Beste gib du, reine Magd, dazu.
      Das goldne Tor tat sich nie auf,
dein jungfräulicher Schoß
gebar das große Wunder: Gott und Mensch.
Du warst schon jeher unberührt,
Gott Vater dich begoss
mit Geistesflut; bring uns die ew'ge Ruh'.
      Mach' uns recht würdig Jesu Christ,

der Gott vor allen Göttern ist.
Der Heiden, Juden, Ketzer List
ist doch getäuscht zu jeder Zeit,
weil sie das Zeichen nicht gehabt,
das uns die Rettung angezeigt
durch Jesus, dem du Mutter bist.
Maria, hilf uns mit Erfolg
zu dem, des Namen trägt der Ring.

FRANCIS MILTON TROLLOPE

(1780–1863)

Vom Hl. Maximus und seinen Gefährten

Besonders giebt es einen Punkt, auf welchem ein
Christ nicht ohne Rührung stehen kann. Fast dicht an
der Salzach, welche durch die Stadt fließt und eine
seiner größten Schönheiten bildet, erhebt sich ein
Fels, der Mönchsberg, auf dessen einem Ende das
Schloß steht, während das andere Ende so nahe zum
Wasser vortritt, daß kaum Raum für das Thor bleibt,
und eine so kahle und senkrechte Fläche bildet, daß
wohl kein Mensch, außer durch Schweißhunde geführt, jemals hätte versucht werden können, hinanzu-
klimmen. Ungefähr auf der Hälfte dieser natürlichen
Mauer befindet sich eine Zelle, die um das Jahr 454
von dem heiligen Maximus in den Sandstein ausgehöhlt worden ist, wahrscheinlich mehr, um daselbst
Schutz gegen Verfolgung zu finden, als zum gewöhn-

lichen Aufenthalte für Andachtsübungen. Es ergiebt
sich aus den Chroniken der Stadt, daß die Römer bis
zum Jahre 477 im Besitze von Juvavia waren und
während dieser Zeit blieb die Zelle des frommen
Mannes unverletzt, eben so wie eine einfache Kapelle,
etwa zwanzig Fuß tiefer, wo er mit einer Gemeinde von
etwa funfzig Jüngern dem Gottesdienste obzuliegen
pflegte. Ende dieser Zeit aber nahm eine Barbaren-
horde von der römischen Provinz Norikum Besitz,
vertrieb die Einwohner, und metzelte die wenigen
Christen nieder, welche auf den Felsen und in den
Höhlen Zuflucht gesucht hatten. Der heilige Maximus
war das ausgezeichnetste ihrer Schlachtopfer; vor
seinem eignen Tode aber mußte er Zeuge der Ver-
nichtung seiner kleinen Gemeinde sein, deren Mit-
glieder von dem Gipfel des Felsens oberhalb seiner
Zelle herabgestürzt und zu seinen Füßen zu Atomen
zerschmettert wurden. In der Zelle, in welcher der
heilige Märtyrer die letzten dreiundzwanzig Jahre
seines Leben zubrachte, sieht man noch das Grab, in
welchem er gehofft hatte, daß seine Gebeine ruhen
würden. Er hatte es mit eignen Händen in den Sandstein ausgehöhlt, und es während dieser Zeit zu seinem
Bette gemacht, wobei ihm eine kleine Erhöhung zum
Kissen diente. Ueber diesem traurigen Bette und an
dem Felsen, der die Schutzwehr der Höhle bildet,
befindet sich folgende Inschrift:

»Anno Domini CCCCLXXVII.
Odoacer
Rex Rhutenorum, Geppidi, Gothi, Ungari, et Heruli,
                                          contra

Ecclesiam Dei sacrientes, beatum Maximum, cum
sociis suis
quinquaginta in hoc speleo latitantibus, ob
confessionem fidei
trucidatos praccipitarunt. Noricorum quoque
provinciam
ferro et igne demoliti sunt.«

Es läßt sich nichts einfacher Wahres in Bezug auf die uralte Legende im äußeren Ansehen denken, als diese Zelle und ihre kleine Kapelle. Die Mauern des harten Felsens sind noch genau so, wie jene frommen Hände sie ausgehöhlt hatten. Einmal in jedem Jahre wird in dieser ehrwürdigen Kapelle Messe gelesen, und ich habe noch nie ein Gebäude betreten, wo ich so sehr zur Andacht gestimmt gewesen wäre, als hier.

HANS KIRCHSTEIGER

(1852–1932)

Ein Tempelfest in Juvavum

Die Pokale wurden neu gefüllt; »Vivat Bachus!« »Vivat Venus!« und die beiden bekamen das übliche Trank-opfer. Die Tänzerinnen legten ihre duftigen Kleider ab – da trat eiligst der erste Tempeldiener herein und flüsterte dem Oberpriester einige Worte ins Ohr.

Schnell stand dieser auf und verließ mit seinem Sohne den Saal. »Vivat Bachus!« »Vivat Venus!«

hallte es ihnen noch nach, doch bald wurde es hier immer stiller, nur helles Lachen, übermütiges Kichern oder der Klang eines umgeworfenen Bechers und Stöhnen der Luft gab Zeugnis davon, daß man hier der römischen Staatsreligon diente. Doch plötzlich wurde der Venusdienst grausam unterbrochen, als der Oberpriester wieder zurückkam. Sei Gesicht war gerötet, seine Augen blitzten und mit gebieterischer Stimme befahl er allen. bis auf die Priester, hinauszugehen.

Ein kleines Blatt Pergament in der Hand, drängte er zur Eile.

Noch war keiner der Priester betrunken; sie verstanden es, auf praktische Weise zu genießen; Zuerst satt in der Liebe und dann erst satt im Wein, war römischer Grundsatz des Genusses.

Darum wußten auch die Priester sogleich, daß es sich um etwas Wichtiges handeln muß, sonst würde ihnen der Oberpriester die Freude nicht so verderben und selbst so großmütig darauf verzichten.

»Meine lieben Mitbürger am Altare der ewigen Götter«, begann der Oberpriester.

»Die Würfel sind gefallen. Soeben brachte ein Eilbote auf schäumendem Pferde dieses Pergament mit nur uns Priestern bekannter Geheimschrift von dem Schlachtfelde bei Verona.

Der liebe Mitbruder Cajus, der das Heer des Kaisers begleitete, läßt uns alle seine Kollegen wissen, wie die Schlacht geendet.«

»Hat Philipp gesiegt? Ist Dezius Kaiser geworden?« unterbrachen die Priester ihr Oberhaupt.

»Vorgestern war die Schlacht«, sprach Rufinus weiter, ohne auf die Fragen zu achten. »Von Tempel zu Tempel flog die geheime Nachricht. Auch ich habe sogleich meine Eilboten gegen den Inn und die Donau weiter geschickt. Schon sind sie mit der Kunde außer der Stadt, und viel früher wissen noch unsere Mitbrüder in Ovilava und Lauriacum, wer Kaiser ist, als der Militär und Präfekt von Juvavum.«

» Aber welcher Kaiser hat gesiegt?« bestürmte die aufgeregte Priesterschar wieder den Sprecher. »Doch nicht Philipp, für den wir heute geopfert?« »Der Kaiser Philipp ist tot« sprach der Oberpriester mit ernster Stimme und griff zum goldenen Pokal, hob ihn und rief laut: »Vivat Dezius Imperator!«

»Vivat Dezius Imperator!« »Vivat, Vivat!« stimmten die Priester mit ein. »Ja, wir sind kaisertreu, wir Priester sind des Thrones Stützen – nein, seine Grundfeste, und wenn das der Kaiser nicht einsieht, dann ist er nicht wert, auf dem Throne zu sitzen. Sogleich heute noch werde ich einen eigenen Eilboten an das kaiserliche Hoflager absenden, um dem neuen Kaiser die untertänigsten Glückwünsche zu seinem glorreichen Siege von der ganzen Priesterschaft Salzburgs zu übermitteln.«

»Bravo, Bravo! Der Kaiser gehört auf unsere Seite, den müssen wir uns ködern. Der soll tanzen, wie wir pfeifen!« tönte es durch den Saal. »Aber jetzt, liebe Mitbrüder, an die Arbeit!« belehrte der Oberpriester weiter. »Keiner verrate, daß wir schon vom Siege des Dezius unterrichtet sind. Geht gleich in der Stadt herum und forscht nach, wie die Vornehmen gegen den neuen Kaiser gesinnt sind. Besonders aber sucht zu erforschen, ob die Christen sich nicht Äußerungen schuldig machen, die wir nachher als Majestätverbrechen ausnützen können.

»Bravo, sehr gut, das werden wir schon besorgen.«
»Ich selbst werde den Militärtribun ausforschen, und
du, mein Sohn, tue es beim Präfekten. Ja, diese Leute
sollen erkennen, daß wir Priester das Haupt des römischen Staates sind. Diese Behörden schauen schon
lange in ihrem Unglauben verächtlich über uns hinweg.
Wenn sie uns schon nicht mehr glauben und gehorchen,
so sollen sie uns fürchten lernen.«

»Uns und die Götter sollen sie fürchten lernen«
stimmte der Priesterchor mit ein.

»Es ist leider eine traurige Tatsache, daß der Un-
glaube und die Verachtung der Götter von den ober-
sten Klassen immer tiefer in das Volk eindringt und
ein noch traurigeres Zeichen ist es, weil die Legate
und Schenkungen für die heiligen Tempel immer
weniger werden.« Sogar die noch halbgefüllten Pokale
wurden nicht einmal mehr ausgetrunken. Die schönen
Tänzerinnen und die geschmeidigen Lustknaben
waren vergessen über dem begeisterten Eifer für die
heilige Religion und den Tempelschatz.

Bald war der Speisesaal leer, und die Sklaven taten sich gut an den vorgefundenen Resten, als sie
Ordnung machten.

Die Morgensonne schien schon recht warm auf die
hohe Felsenwand nieder, über der hoch droben der
Wartturm steht. So steil ist dort der Berg, daß es keinem
Menschen möglich wäre, hinaufzukommen. Doch wo
der Mensch nicht hin kann, der Samen der Pflanzen
findet immer noch einen Halt. Darum hängen auch
einige Bäume an dem Felsen und bohren ihre hung-
rigen Wurzeln hinein in kaum sichtbare Spalten. Auf

diesen Zweigen singen die Vögel ihr lustiges Morgen-
lied.

Sonst ist es in diesem Winkel Salzburgs recht stille.
Es ist heilige, feierliche Stille, Nicht der Lärm des
Marktes, nicht der taktmäßige Schritt der Soldaten,
nicht das Gepolter der Wagen und das Geschwätz und
Gelächter müßiger Gänger ist hier zu hören. Auch die
Häuser sind in diesem abgelegenen Winkel klein und
unscheinbar und lehnen sich bescheiden an den Berg
an. Hier wohnt die Armut und verachtete Arbeitskraft. Die Männer sind schon längst fort in den Werk-
stätten oder Landungsplätzen an der Salzach, und
auch die Weiber sind auf Verdienst in den großen Palästen. Nur eine Schar Kinder bringt Leben in die
engen ausgestorbenen Gassen. Und auch diese mußten
bald aufstehen, um sich in der Sonne tummeln zu
können, denn bald wird auch diese hinter dem Berge
wieder verschwinden für den ganzen Tag bis zum
nächsten Morgen. Dann liegt den ganzen lieben Nachmittag des Berges Schatten wie ein geheimnisvoller,
lichter Schleier über dem Stadtteile an der Felswand.
Und geheimnisvoll ist hier alles. Geheimnisvoll das
schlichte, längliche Gebäude, aus dem schon im
Morgengrauen, bevor die armen Leute zur Arbeit gehen,
halblautes Stimmengesumme kommt, geheimnisvoll
der heiterernste Blick in den Augen der ausgebeute-
ten Arbeiter und gepeinigten Sklaven, geheimnisvoll
der Friede und die Seelenruhe der Mütter, geheimnisvoll der heilige Ernst der Kinder.

Geheimnisvoll auch die Würde des alten Mannes
mit langem weißen Barte, der als letzter aus diesem
Gebäude tritt und mit hellen Augen gegen Himmel

schaut. Sie alle, welche noch vor Sonnenaufgang aus
diesem schlichten Gebäude kommen, sind Christen
und das Haus selbst ist ihre Kirche, in der sie täglich
zum Gebete und Opfer zusammenkommen, bevor sie
an die harte Tagesarbeit gehen.

ANONYMUS

Der Salzburger Kirchhof

O schönster Ort, den Toten auserkoren
Zur Ruhestätte für die müden Glieder!
Hier singt der Frühling Auferstehungslieder,
Vom treuen Sonnenblick zurückbeschworen.

Wenn alle Schmerzen auch ein Herz durchbohren,
Dem man sein Liebstes senkt zur Grube nieder,
Doch glaubt es leichter hier: wir sehn uns wieder,
Es sind die Toten uns nicht ganz verloren.

Der fremde Wandrer, kommend aus der Ferne,
Dem hier kein Glück vermodert, weilt doch gerne
Hier, wo die Schönheit Hüterin der Toten.

Sie schlafen tief und sanft in ihren Armen,
Worin zu neuem Leben sie erwarmen;
Die Blumen winken's, ihre stillen Boten.

(1929–2000)

Warum heißt das Drachenloch im Untersberg Drachenloch, wenn es keine drachen gibt?

Durch das einzige fenster meines kleinen hauses sehe ich geradewegs in die untergehende sonne – sie fällt auf meinen blauen kleiderschrank, in die bücherborde, an die militärgrüne blechtruhe aus Frankreich, über den fleckerlteppich aus Salzburg. Wenn ich durch das fenster meines kleinen hauses blicke und dann meinen blick halblinks wende, sehe ich den berg: manchmal reicht sein fuß in die wildnis der birnbäume und rosenbüsche, anderenmals hockt er weit draußen, eine ferne insel, und ein drittes mal ist er durch einen regensturm in alle winde verweht.

Einblick: Ich bin nicht unsicher, daß der Salzburger Untersberg ein einziger, riesischer, untrischer hohlraum ist; ein ungeheures steinzelt, das teilweise von dunklem mischwald und, in den kälteren zeiten des jahres, von schnee und eis bedeckt ist. Diese vorstellung, deren wahrheitsbeweis anzutreten mir jedoch gleichgültig sein darf, zieht mich immer wieder, einen zirkusliebhaber jenes subterranen Barnum & Bailey, in den bannkreis jenes massigen waldgebirgs. Es ist vermutlich das *Drachenloch,* durch das ich mich in einen bereich ungeahnter sensationen begebe. Auf vereisten seilen erklettere ich ränge, um die aktionen einer titanischen arena zu beobachten: gnomische feuerfresser, salamanderköpfige funambulisten,

tatzelwürmer mit zylinder und schnurrbart, flitter-
besetzte alberiche, wagemutig auf dem fliegenden
trapez, und unter der eisglitzernden zirkuskuppel, im
lichtkegel des polarsterns, die ungeheuer winzige
sensation aller sensationen, wie ich sie unter einer
grünen tarnkappe, deren hutmacher ich in den verborgenen gäßchen und durchgängen dieser stadt erst
suchen müßte, erschaudernd observiere.

Wer ungebeten in bereiche der elfen, bergleutchen,
drachen, zwerge, feen und wilden männer eindringt,
muß unsichtbar bleiben, liegt es ihm daran, nicht in
tausend stückchen gerissen und zerfressen zu werden.

Gnomologie: Bewohner des inneren des Untersberges bilden eine sehr umfangreiche spezies der
akotyledonischen semianthropomorphen. Sie sind
zumeist, mit wenigen ausnahmen, von zartem blau,
schön wie ungeborene sonnen, liebenswürdig, unbere-
chenbar, häßlich wie schreckliche schlangenwurzeln,
hilfreich, sinnlich bis zum exzeß, den wissenschaften
gewogen, durchsichtig geisterhaft wie irrwische, nicht
greifbar, warm wie haut und blut eines menschen oder
tieres, leicht wie rauch im wind, schwer wie ungeseigertes
silber, winzigklein, moosrosenäugig, durch wände
und schlüfte des berges bis an die sterne ragend, ab-
gründig bösartig, makellos wie kristall oder schnell
wie planeten im all eines staubkorns. Diese elfen,
bergleutchen, drachen, zwerge, feen und wilden männer
sterben nicht, können aber in fremde gegenden aus-
wandern oder unter menschen ein gewerbe oder eine
kunst lehren; ihre musik ist zischend wie ein fallender
meteor, ihre medizin elegant, ihre tänze wie anemonen
zwischen den zähnen einer aprilnacht. Ihre welt ist

eine schatten-, eine sonnen-, eine spiegelwelt; ihr fleisch spiegelt von hellem lindgrün bis in tiefes pilzblau, ihr haar ist blatt- oder farnartig; ihre befruchtungsteile sind die gleichen wie die des menschen, doch vermögen sie sich auch mit bäumen, sträuchern oder passenden pflanzen zu paaren. Das liebesverhältnis zwischen einem wilden mann und einer jungen eberesche hat durch einen einzigen wurf siebenhundert elfen hervorgebracht, die aus den während eines wintersturms abgefallenen früchten jener bäumin entstanden, unter vielen anderen vorkommnissen bei *Oidran Stuebenrauch*, schüler des Paracelsus, in seinem traktat *De Elphinogenesis* im jahr 1543 berichtet.

Meditation: Eine alte lungauer sennerin fragte einen reisenden, auf dessen teebüchse sie einen chinesischen glücksdrachen sah, was das für ein tier sei. Das sei kein tier, sondern ein drache, und einen solchen gäbe es nicht. Wie kann dann dieser drache auf ihrer büchse sein, wenn es ihn nicht gibt, wunderte sich die alte.

Warum heißt das Drachenloch im Untersberg Drachenloch, wenn es keine drachen gibt? Man könnte darauf zur antwort geben: die Kolowrathöhle heißt ja auch Kolowrathöhle, aber muß deshalb schon ein eremit namens Kolowrat in ihrem feuchten schlund darben? Ich bin ein übler bergwanderer und habe jene alpengrotte niemals aufgesucht, habe nie versucht, vom gasthaus Rositten aus via Reitsteig bis zu besagter höhle vorzudringen, um mich dort rechtschaffen zu vergewissern, ob sie tatsächlich von einem nachfahren derer von Kolowrat behöhlt wird. Es ist mir keineswegs unbekannt, daß jenes geschlecht der reichsten und mächtigsten eines der alten böhmen war, bereits in den mythen der altvorderen erwähnt, stets glänzend von bergsteigerruhm und im besitze großen einflusses auf die unergründlichen schächte und stollen der feenwelt. Irgendeiner des erlauchten namens Kolowrat also muß diese höhle entdeckt und eingehend gemustert haben, was anderes wage ich mir nicht vorzustellen. Wie aber sollte ein drache, ein nichtvorhandenes fabeltier, das *Drachenloch* entdecken und eingehend mustern? Hier wird die sache unglaubwürdig. Ein drachenloch muß also auf seinen bewohner und nicht auf seinen entdecker hinweisen. Doch wo drachen sind, atmet es auch von anderen wesen, wie sie im himmel und in der erde fürs erste nicht sichtbar, allein bei genaurer betrachtung sehr wohl existent sind.

Anweg: Ich gehe bis zum kalkkieswerk Ziegler und Söhne, von dem ich nicht weiß, ob es noch in betrieb ist oder einem endgültigen sichauflösen in felswände und vegetation entgegenträumt. Auf dem hinweg muß ich von der höhe des Müllner Bräus durch die Augustinergasse bis zur Neutorstraße, geradenwegs am Mönchsberg entlang. Ich überquere die fahrbahn, gehe an der Gwürzmühl vorbei, an gestapeltem holz vorbei, zur Sinnhubstraße, links neben mir noch immer die abhänge des Mönchsbergs, aus dem ein felskegel hochwächst wie in einer chinoiserie. Jetzt macht die straße einen knick, ich sehe schon den berg und vor ihm die weite ebene, zu meiner rechten den St.-Peter-Weiher, enten und lamas, dahinter schloß Leopoldskron. Am franziscojosefinischen Altersheim vorbeikommend, befinde ich mich irgendwie schon in der Fürstenallee, man meißelt grabsteine und marmorne trauerengel in der nähe, kränze und blumen dehnen sich zu beiden seiten der straße. Zypressenfarben hinter hohen roten backsteinwällen wuchtet hartnäckig der Kommunal-friedhof, ein scheuer alptraum, ich eile an ihm vorbei, lasse ihn hinter mir, erreiche freies land. Endlich die straße durch den wald ...

Nun sehe ich den berg, sein fuß berührt eben noch den meinen, ein schritt weiter, er wird zu einer fernen insellandschaft, ich zögere, halte an, um mir eine zigarette anzüzünden – und als ich wieder aufblicke von der kurzen flamme meines Streichholzes, ist er wie durch einen plötzlichen Regensturm in alle winde der welt.

Sie können Ihren Namen ändern, Ihre Haarfarbe und sogar Ihr Geschlecht, aber nicht Ihren Geburtsort. Von meiner Kindheit in London bis heute, da ich in Wien lebe – und wo auch immer das Leben mich hin verschlägt, werde ich »Salzburg« in das Kästchen schreiben, wo der Geburtsort einzutragen ist. Zu Leuten, die Salzburg nicht kennen, sage ich einfach »Mozart« und »Sound of Music«, und die meisten lächeln dann. Dieses Buch war für mich eine Gelegenheit, tief in die vielen Salzburg-Schichten anderer hineinzugraben, aber es veranlasste mich auch nachzudenken, was denn mein Salzburg ist.

Nun ja, es ist nicht der Dom, auch nicht die Festung, nicht einmal Jedermann. Mein Salzburg kann ich sehen und riechen, wenn ich die Gedichte von Georg Trakl lese, es sind die Wiesen und Wälder zwischen Festung und Untersberg, die Überschwemmungsgebiete entlang der Alm, in der Nähe des Kommunalfriedhofs. Es war die Landschaft Salzburgs, die Alexander von Humboldt als den schönsten Fleck auf Erden bezeichnete; nicht die Stadt. Die Stadt hat das Zitat gestohlen und es kunstvoll zu ihrem eigenen Vorteil verdreht. Das wahre Paradies wird heute immer mehr von Häusern und Tennisplätzen verdrängt, die von Spekulanten errichtet wurden, die sich wie Würmer ihren Weg durch die Planungsvorschriften bis in die Bankkonten der letzten Bauern wanden.

Das ist mein Salzburg, wie ich es wahrnehme: Ich sehe es in den Sommerweiden voller bunter Blumen, die tief in der Erde, reich an Gräsern vergangener

Sommer, wurzeln. Eine über tausende von Jahren aufgebaute Grasnarbe, die die Salzach aus den einengenden Alpen herausgeschwemmt hat, mit unzähligen verwobenen Kanälen. Die Grasnarbe erinnert uns, dass wir geologisch gesehen nur ein Augenblick gemessen am Leben des Untersberg sind, dessen charakteristisch roter Marmor viele der Stadtpfarrkirchen ziert.

Der Untersberg, den ich als kleiner Bub vom Balkon meiner Großmutter sah, löste die Geburt meiner Sprache aus. Mein allererstes Wort, das ich sagte, war »Berg«. Deutsch als meine Muttersprache wurde später von Englisch, der Sprache meines Vaters, überflügelt, aber tief in meinem Inneren ist mein emotionales Zuhause noch immer die Musikalität der Sprache, die Mozart in seinem wunderbar vielsprachigen Brief an seine Schwester »Soisburgerisch« nannte.

Als ich heranwuchs, kehrte ich oft nach Salzburg zurück, wo meine Heimat der 5er Obus wurde, der mich vom Bahnhof zu meiner Großmutter in der Nähe des Kommunalfriedhofs brachte. An der Bushaltestelle beim Kommunalfriedhof kehrte der Obus um. Dort liegt der riesige Marmorobelisk, dessen Spitze abgebrochen ist, starr in der zersplitterten Zerstörung einer Weltkriegsnacht. Ein Sinnbild gebrochenen phallischen Stolzes, gefroren, als die Seifenblase in der Niederlage zerplatzte. Diese Blase hing über der Friedhofswelt, der Welt von sauber kultivierten Parzellen des persönlichen Gedenkens, eifersüchtig bewacht und gehegt von flinken, buckligen Frauen mit ihren Gießkannen. Männer kamen selten dort hin. Das war die Welt der Frauen, von alten Frauen, die

266

ihr eigenes Grab vorbereiteten. Blumen in Vasen verliehen den Gräbern eine Empfangszimmer-Stickigkeit,
die mich an den Salon meiner Londoner Großmutter
erinnerte. Die Gräber waren für jede einzelne Frau
Schaufenster der guten Wünsche für das Jenseits.
Meine Großmutter erzählte mir Geschichten an so
manchem Grab. Es waren immer Familientragödien,
in denen entweder die Ehefrau, der Vater oder ein
Sohn am Berg verunglückte, vom Blitz getroffen oder
bei einem Autounfall ums Leben kam. Die Geschichten
wurden immer im Flüsterton erzählt, sie bargen Ge-
heimnisse und waren das verbale Gegenstück zu den
vorgezogenen Gardinen, die wie von allein zuckten.

Meine Großmutter starb vor einigen Jahren in Salzburg. Ich frage mich, ob jemals jemand innehält und
Geschichten über meine Großmutter erzählt. Ich be-
zweifle es. Das Grab ist zu schwer zu erreichen, und
die Frauen, die Geschichten zu erzählen wüßten, sind
auch schon tot. Sie liegen ebenfalls dort begraben
und tuscheln wahrscheinlich und werfen einander
neidische Blicke unter der Erde zu. »Ihre Verwand-
ten kommen nicht so oft wie meine! Mein Grablicht
wird öfter ausgetauscht als ihres! ...«

Ich erinnere mich, dass die Welt draußen, als wir
den Friedhof verließen und die riesigen Steinstufen
hinuntergingen, viel langweiliger und banaler schien.
Die Geschichten versiegten. Im Obus lehrte mich
meine Großmutter beim ersten Anblick einer älteren
Dame aufzuspringen und dieser meinen Sitzplatz
anzubieten. Wer in der Londoner U-Bahn einen Platz
gefunden hatte, blieb sitzen, und ein Kind war so viel
wert wie ein Erwachsener. Wenn jemand wirklich einen

Sitzplatz brauchte, standen wir natürlich auf, doch Salzburg wurde von einer geriatrischen Aristokratie beherrscht, die sicherstellte, dass das Alter und nicht der Bedarf das ausschlaggebende Kriterium war. Ich schaudere noch immer, wenn ich an jene in Pelz gehüllten Walküren denke, die mich allein mit ihren Blicken, die Stahl durchbohren hätten können, zum Aufspringen brachten. Einmal, als ich mit einem bandagierten Bein vom Krankenhaus zurückkam, riet mir meine Großmutter, meine Schmerzen möglichst glaubwürdig dem Publikum der alten Weiber mit blaugetönten Haaren zu verkaufen. Sie befürchtete, von der Pensionistengang ausgeschlossen zu werden, wenn sie mich dazu anstiftete, die Regeln in Frage zu stellen. Als wir vom Bus ausstiegen, hätte ich für mein übertriebenes Hinken eine Medaille von Monty Pythons »Ministerium für Komische Gangarten« gewinnen können.

Diese Hackordnung ist ein kleines Beispiel für die konservative Haltung im Herzen Salzburgs. Deshalb werden die Friedhöfe so sauber gehalten. Denn wer kann älter sein als die Toten? Von ihren Gräbern aus unterdrücken sie ihre Kinder und befehlen ihnen, sich von ihren Fauteuils daheim zu erheben und zu ihnen zu kommen, um ihnen ihr Grab behaglich zu machen. »Du musst für alte Menschen aufstehen« ist der Grund, warum es lebende KünstlerInnen in Salzburg so schwer haben, denn sie müssen ständig ihren Platz für die Toten räumen: die Mozarts, die Markarts, die Trakls. Was natürlich sehr ironisch ist, besonders im Fall von Mozart, denn wie Norbert Elias erläuterte, musste Mozart Salzburg verlassen, da es drohte, das Grab für seine eigene Kreativität zu werden.

Es ist stimmig, dass der »5er« am Hauptbahnhof endet, diesem ultimativen Tempel des Übergangsrituals und dem Ort des ersten Kontakts mit jenem ständig über Salzburgs Geschichte hängenden Schatten – Deutschland. Die deutsche Zollabfertigung am Bahnhof war ein kalter Luftzug. Ein Nachbar von störender Nähe, ein Ort der Furcht, der seine Ankunft bezeichnete. Die undeutlichen Gesichter von gesuchten RAF-Terroristen. Die Grenzwachen trugen Maschinengewehre und starrten mich mürrisch an, als ob ich einer von den Gesuchten sein könnte. Wenn der Zug dann die Salzach überquerte, rief der Anblick von Salzburgs tanzenden Kirchtürmen am linksseitigen Fenster immer Schauer von Heimweh in mir hervor und ich bemühte mich, dieses Bild in mein Gedächtnis zu meißeln. Ein Anblick, der abgespeichert aufbewahrt werden sollte, damit er einem über die dunklen Tage im Chaos von London hinweghelfen konnte.

Salzburg ist ein Ort, den man mit sich trägt. In Krakau, Prag und Mailand traf ich plötzlich an Straßenecken auf Erinnerungen an Salzburg. Die Form der Häuser, die Straßen, die Glocken. Als Salzburger fühle ich mich im Europa des Barock zu Hause, das das Geschwungene liebt, das Spiel des Lichtes in den Brunnen, die im Sonnenlicht gleißend aufblitzen, um das Leben in vollen Zügen zu verherrlichen. Ich habe sogar gespürt, wie der Geist Salzburgs meine Laune während meiner Studienzeit im entfernten Cambridge hob. Es liegt nicht nur an der Kirchenarchitektur, und doch ist Cambridge verglichen mit Salzburg die einzige Stadt, in der die Glocken, die den Lauf des Tages gliedern, eine annähernd gleich wichtige Rolle spielen.

Dennoch kann nichts die gewaltigen akustischen Wolken, die vom Tanz der Glocken in Salzburgs Kirchtürmen himmelwärts streben, überbieten.

Es ist diese Macht der Glocken, die die Stille in Salzburg so wichtig erscheinen lässt. Die Stille in Salzburg ist die Stille der Natur, die Stille der Steine, die Stille, die besonders am Friedhof von St. Peter zu spüren ist. Es ist die Stille, die uns mit den ersten Christen verbindet, die hoch oben in den Höhlen wohnten und in den tiefen Felsen schliefen. Hier ist die Stelle, an der dich Salzburg umarmt – ein Zuhause, das völlig geschützt liegt zwischen Felsen und Fluss. Hier ist der Ort, an dem Salzburg geboren wurde, noch vor der Zeit der Römer. An einem Nachmittag im Herbst öffnen sich für wenige Sekunden winzige Zeitfenster zur Stille, und die Stadt entspannt sich wieder in ihrer vorgeschichtlichen Ruhe aus Wind, Fluss und Regen.

Ich danke Ka Ruhdorfer für ihre Übersetzungen aus dem Englischen, Renate Ebeling-Winkler, Hannes Eichmann, Walter Erdelitsch, Bob Hewas, Christian Prodinger und Gerfried Sperl für ihre Hilfe bei meinen Recherchen, meiner Familie und meinen Freunden aus Salzburg für die Inspiration. Ich danke vor allem der Schoekl-Hex', dass sie am Untersberg »Ja« gesagt hat.

Frederick Baker, London 11. 7. 2004

Herbert Achternbusch (geb. 1938) und Sabine Oppolzer (geb. 1960), *Den größten Spaß.* Aus: Kunst ist ein Abend Krampf. Interview. Die Presse vom 26. September 1998. (c) beim Autor.

Gerhard Amanshauser (geb. 1928), *Das Haus auf dem Festungsberg. Jedermann.* Aus: Ärgernisse eines Zauberers. Satiren und Marginalien. 1973 by Residenz Verlag Salzburg. S. 9–13. (c) beim Autor.

Bettina von Arnim (1785–1859), *Wie kann ich dir von diesem Reichtum erzählen.* Aus: Goethes Breifwechsel mit einem Kinde. Seinem Denkmal. Mit einer Einleitung von Franz Brümmer. Leipzig. o. J.

H. C. Artmann (1921–2000), *Warum heißt das Drachenloch im Untersberg Drachenloch, wenn es keine Drachen gibt?* Aus: Was sich im Fernen abspielt. Gesammelte Geschichten. Hg. Hans Haider. (c) 1995 Residenz Verlag: Salzburg und Wien. S. 138–141.

Rose Ausländer (1901–1988), *Salzburg.* Aus: dies., Wieder ein Tag aus Glut und Wind. Gedichte 1980–1982. (c) S. Fischer Verlag GmbH, Frankfurt am Main 1986. S. 29.

Bettina Balàka (geb. 1966), *Als Kind ein Spaziergang bei Hellbrunn.* Aus: Im Packeis. Gedichte. S. 36. (c) 2001 Franz Deuticke Verlagsgesellschaft m.b.H, Wien-Frankfurt/ Main.

Daniel Barenboim (geb. 1942), *Europäisches Intermezzo.* Aus: Musik – Mein Leben. Herausgegeben und ins Deutsche übertragen von Michael Lewin. (c) 1992 by Rowohlt Verlag GmbH, Reinbek bei Hamburg. S. 23–33. Originaltitel »A Life in Music«. (c) 1991 by Daniel Barenboim.

Dieter Berdel (geb. 1939), *A Weanarix auf Soizbuag.* Aus: Weanarix limericks aus Wien. (c) beim Autor.

Helmut Berger (geb. 1944), Luchino Visconti meets Karajan. *So wie die Salzburger Nockerln.* Aus: Ich. Die Autobiographie. Unter Mitarbeit von Holde Heuer. (c) 1998 by Ullstein Buchverlage GmbH & Co. KG, Berlin. S. 26ff.

Biermösl Blosn / Hans Well (geb. 1976/geb. 1953), *Jodelhorrormonstershow.* Originalbeitrag. (c) bei den Autoren.

Max Blaeulich (geb. Anfang der 50er Jahre), *Die Knopffabrik.* Aus: Die Knopffabrik. (c) 2002 Wieser Verlag, Klagenfurt/ Celovec.

Bogdan Bogdanović (geb. 1922), *Alchemie und Architektur.* Übersetzt von Irena Jandroković. Aus: Salzburg: Blicke. Herausgegeben von Helga Embacher, Ernst Fürlinger und Josef P. Mautner. (c) Residenz Verlag: Salzburg und Wien 1999. S. 70–73.

Erwin Bonyhadi (geb. 1906), *Die Festspielstadt Salzburg.* Aus: Geduldet, Geschmäht und Vertrieben. Salzburger Juden erzählen. (Hrsg.) Daniela Ellmauer/Helga Embacher/ Albert Lichtblau. Otto Müller Verlag 1998. Salzburg. S.118–120. (c) unbekannt.

Rudolf Brändle (geb. 1922), *Thomas Bernhard im Bombenkeller.* In: Zeugenfreundschaft. Erinnerungen an Thomas Bernhard. Suhrkamp Verlag. S. 19–20. (c) 1999 Residenz Verlag, Salzburg – Wien.

Bertolt Brecht (1898–1956), *Salzburg – Notizen im Arbeitsjournal.* Aus: Arbeitsjournal 2. Band 1942–1955. (c) Suhrkamp Verlag Frankfurt 1973. S. 232–233.

Edgar Breuss (geb. 1945) und Sepp Forcher (geb. 1930), *Herbert von Karajan am Untersberg-Ostgrat.* Aus: Edgar Breuss, Sepp Forcher – i mog die Leut. Copyright (c) 2000 by NP Buchverlag, St. Pölten – Wien – Linz. S. 54–56.

Anthony Burgess (1917–1993), *Mozart und die »Wolf Gang«.* Aus dem Englischen von Karoline Ruhdorfer. Aus: Ders., Mozart & the Wolf Gang. (c) Anthony Burgess 1991.

Erhard Buschbeck (1889–1960), *Purpur, Rosé und Flammenrot.* Aus: Steiner Gertraud: Literaturbilder: Salzburgs Geschichte in literarischen Porträts. Mit historischen Kommentaren von Sabine Falk-Veits. (c) 1998 Verlag Anton Pustet, Salzburg, München. S. 103–109.

Geoffrey Cannon (geb. 1939) und Hans Preiner (geb. 1941), *Rolling Stones in Salzburg.* Aus: Die Welt sind wir. Die Stones in Salzburg. Grazer Hefte. Herausgegeben von Gerfried Sperl. (c) bei den Autoren.

Charmian Carr (geb. 1945), *Ein russisches Volkslied und the Sound of Music.* Aus dem Englischen von Karoline Ruhdorfer. Forever Liesl. My Sound of Music Story.with Jean A.S. Strauss. Sidgewick and Jackson, London.

Helmut Eisendle (1939–2003), *Reise von Salzburg nach irgendwo.* Aus: Kein schöner Land ... 50 österreichische Autoren über Stadt und Land Salzburg. herausgegeben von Christoph W. Aigner. Graphia Druck- und Verlagsanstalt, Salzburg 1981. S.175–178.

Norbert Elias (1897–1990), *Mozart's Schritt zum »freien Künstler«. 16. Dezember Brief.* Aus: Mozart. Zur Soziologie eines Genies. (c) Suhrkamp Verlag Frankfurt 1991. S. 162–163, 148.

Daniela Ellmauer (geb. 1966), *Salzburg Hauptbahnhof.* In: Salzburg: Blicke. Hg. Helga Embacher, Ernst Fürlinger, Josef P. Mautner. (c) Residenz Verlag: Salzburg und Wien 1999. S. 114–118.

Walter Erdelitsch (geb. 1953), *Bubenjahre in Salzburg.* Originalbeitrag. (c) beim Autor.

Franzobel (geb. 1967), *Wenn alle Brünnlein fließen. Mozarts Vision.* In: Passagen Verlag Ges.m.b.H, Wien 2003. S. 137–139. (c) beim Autor.

Alexander Moritz Frey (1881–1957), *Hölle und Himmel.* Aus: Hölle und Himmel. 1984 Gerstenberg Verlag, Hildesheim. S. 7–9, 197. (c) Gussy Warschauer-Gerson.

Erich Fried (1921–1988), *Trakl-Haus, Salzburg*. Aus: Erich Fried. Das Nahe suchen. (c) 1982 Verlag Klaus Wagenbach, Berlin.

Stephan Fry (geb. 1957), *Tweedjacke trifft T-Shirt vor Mozarts Geburtshaus*. Aus: Der Lügner. Aus dem Englischen von Ulrich Blumenbach. Titel der Originalausgabe THE LIAR. (c) 1994 by Haffmans Verlag AG Zürich, S. 9–11.

Carlos Fuentes (geb. 1928), *Das gläserne Siegel*. Aus: Das gläserne Siegel. Roman. Aus dem mexikanischen Spanisch von Sabine Giersberg. S. 12–20, 23. (c) 2001 Deutsche Verlags-Anstalt, Stuttgart München.

Irene Fürst (geb. 1897), *Ich habe diese Stadt so geliebt*. Aus: Geduldet, Geschmäht und Vertrieben. Salzburger Juden erzählen. (Hrsg.) Daniela Ellmauer/Helga Embacher/ Albert Lichtblau. Otto Müller Verlag 1998. Salzburg. S.61–67.

Karl-Markus Gauß (geb. 1954), *Mit mir, ohne mich*. Aus: Ders., Mit mir, ohne mich. Ein Journal. (c) Paul Zsolnay Verlag, Wien 2002. S. 147–150.

David Gross (geb. 1978), *Vom Sandler zum Mythos. Kommt eine Gedenkstätte für den »Professor«?* Aus: Augustin, Wien. Nr. 120, Seite 12, vom Juni 2003. Dieser Beitrag erschien Anfang Juni in der Salzburger Straßenzeitung Asfalter. (c) beim Autor.

Peter Hall (geb. 1930), *Maggie bei Amadeus*. Aus dem Englischen von Karoline Ruhdorfer. Aus: *Making an Exhibition of Myself*. (c) beim Autor.

Peter Hammerschlag (1902–1942), *Blamage in Hellbrunn*. Aus: Ders., Die Affenparty. Herausgegeben von Volker Kaukoreit und Monika Kiegler-Greiensteidl Š Zsolnay Verlag, Wien 2001.

Peter Handke (geb. 1942), *Der Chinese des Schmerzes*. Aus: Der Chinese des Schmerzes. (c) Suhrkamp Verlag, Frankfurt 1983. S. 50–59.

Bodo Hell (geb. 1943), *Untersberg*. (c) beim Autor. Erweiterte Textfassung aus Bodo Hell: Tracht: Pflicht, Lese- und Sprechtexte, Literaturverlag Droschl 2003.

Christian Ide Hintze (geb. 1956), *Die Bedrohung Salzburgs aus Richtung Kindheit*. Aus: Kein schöner Land ... 50 österreichische Autoren über Stadt und Land Salzburg. Herausgegeben von Christoph W. Aigner. Graphia Druck- und Verlagsanstalt, Salzburg 1981. (c) beim Autor.

Hugo von Hofmannsthal (1874–1929), *Die Mozart-Zentenarfeier in Salzburg*. Aus: Gesammelte Werke in Einzelausgaben. Prosa I und III. Hrsg. von Herbert Steiner. S. Fischer Verlag GmbH, Frankfurt am Main 1952. S. 105–109.

Clive James (geb. 1939), *Postcard from Salzburg*. Aus dem Englischen von Karoline Ruhdorfer. Aus: Clive James. Flying Visits. Postcards from the Observer 1976–83. Picador edition published 1985 by Pan books Ltd. (c) Clive James 1984. S. 98–106.

Erich Kästner (1899–1974), *Ein Regentag im Café*. Aus: Ders. Der kleine Grenzverkehr oder Georg und die Zwischenfälle. Deutscher Taschenbuch Verlag. S. 45–47, 32–35, 100–106. (c) Cecilie Dressler Verlag, Hamburg.

Gert Kerschbaumer (geb. 1945), *Verstecken und verraten*. Aus: Meister des Verwirrens. Die Geschäfte des Kunsthändlers Friedrich Welz. (c) Czernin Verlag, Wien. S. 151–153.

Imre Kertész (geb. 1929), *Hommage à Salzburg*. Aus: Salzburger Festspiele 1992–2001. Konzert. herausgegeben von Hans Landesmann und Gerhard Rohde. Aus dem Ungarischen von László Kornitzer. (c) Paul Zsolnay Verlag Wien 2001. S. 112–115.

Hans Kirchsteiger (1852–1932), *Ein Tempelfest in Juvavum*. Aus: Der rote Weltpriester aus Aigen. Aus: Steiner Gertraud: Literaturbilder: Salzburgs Geschichte in literarischen Porträts. Mit historischen Kommentaren von Sabine Falk-Veits. (c) 1998 Verlag Anton Pustet, Salzburg, München. S. 10–25.

Gerhard Kofler (geb. 1949), *Friedhof St. Peter*. Aus: Kein schöner Land. Herausgegeben von C. W. Aigner. Graphia Verlag, Salzburg, 1981. S. 93. (c) beim Autor.

Reiner Kunze (geb. 1933), *In Salzburg, auf dem Mönchsberg stehend*. Aus: ders., eines jeden einziges leben. Gedichte. (c) S. Fischer Verlag GmbH, Frankfurt am Main 1986.

Gerald Lehner (geb. 1963) *Leopold Kohr und die Salzburger Hungerrevolte*. Aus: Die Biographie des Philosophen und Ökonomen Leopold Kohr. S. 322–323. Deuticke Verlag. (c) bei Gerald Lehner, er ist ORF-Redakteur und Medien-Referent des Österr.Bergrettungsdienstes – http://www.bergrettung-salzburg.at. Lehners Biografie über Leopold Kohr kommt demnächst in überarbeiteter und aktualisierter Version beim Verlag Otto Müller (Salzburg) heraus.

Gertrud Lent (1882–1951), *Das Salz der Erde*. Aus: Steiner Gertraud: Literaturbilder: Salzburgs Geschichte in literarischen Porträts. Mit historischen Kommentaren von Sabine Falk-Veits. (c) 1998 Verlag Anton Pustet, Salzburg, München. S. 149–150.

Ernst Lothar (1890–1974), *Bruder Mozart*. Aus: Ders., Der Engel mit der Posaune. Roman eines Hauses. Deutscher Taschenbuch Verlag GmbH & Co. KG, München 2003. (c) 1963 Paul Zsolnay Verlag GmbH, Hamburg – Wien.

Friederike Mayröcker (geb. 1924), *Salzburg Pachermadonna Franziskanerkirche*. Aus: Benachbarte Metalle. (c) Suhrkamp Verlag Frankfurt 1998. S. 105.

Kid Möchel (geb. 1964), *Der geheime Krieg der Agenten. Endstation Salzburg*. Aus: Der geheime Krieg der Agenten. Spionagedrehscheibe Wien. Copyright (c) 1997 by Rasch und Röhring Verlag, Hamburg. S. 165, 170–171.

Der Mönch von Salzburg (2. Hälfte des 14. Jahrhunderts) *Liebesbrief der Hofgesellschaft. Die schöne Nacht. Das goldne*

Ringlein für Maria. Aus: Sämtliche Lieder. Aus dem Mittelhochdeutschen ins Neuhochdeutsche übertragen von Franz V. Spechtler. (c) Wieser Verlag, Klagenfurt/Celovec 2004, S. 39–41, 41–42, 121–126.

Gérard Mortier (geb. 1943), *Tatort Salzburg.* Aus: Profil 33 vom 13. August 2001. S. 104. (c) beim Autor.

Wolfgang Amadeus Mozart (1718–1791), *redma doifa Soisburgerisch, Sclaverey in salzbourg! an den letzten Decret den Hintern geputzt.* Aus: Mozart Briefe. Philipp Reclam, Stuttgart 1987 S. 45–6, 162–163, 184–185.

Thomas Neuhold (geb. 1965), *Salzburg hinter der Lodenmantel-Fassade – ein Portrait.* »*Fritz*«: *Postler, Wirt, Schauspieler.* Aus: Der Standard vom 25. Februar 2000. S. 12. (c) beim Autor.

Ali Podrimja (geb. 1942), *Salzburg im Regen.* Aus: Das Lächeln im Käfig. Aus dem Albanischen von Hans-Joachim Lanksch. (c) 1993 by Wieser Verlag, Klagenfurt – Salzburg.

Karl Heinz Ritschel (geb. 1930), *Stille Nacht! Heilige Nacht*! Vor 150 Jahren starb Joseph Mohr. Aus: Salzburger Museumsblätter. Nr 10 – Dezember 1998. (c) beim Autor.

Maria Riva (geb. 1924), *Mit der Dietrich im Dirndl.* Aus: Meine Mutter Marlene. (c) 1992 Maria Riva, Meine Mutter Marlene, deutschsprachigge Ausgabe, erschienen im C. Bertelsmann Verlag, München, einem Unternehmen der Verlagsgruppe Random House GmbH.

Kathrin Röggla (geb. 1971) *Brücken text.* Aus: Salzburg: Blicke. Hg. Helga Embacher, Ernst Fürlinger, Josef P. Mautner. (c) Residenz Verlag: Salzburg und Wien 1999. S. 124–128.

Ka Ruhdorfer (geb. 1967), *schalldicht.* Originalbeitrag (c) bei der Autorin.

Hans Sachs (1494–1576), *Ein lobspruech der stat Saltzburg*. Aus: Ein Tag im alten Salzburg, Droemersche Verlagsanstalt Th. Knaur Nachf., München.

Marie-Claude Salomon (geb. 1956), *Besuch in Salzburg*. Originalbeitrag (c) bei der Autorin.

Romy Schneider (1938–1982), *Mein Tagebuch*. Aus: Ich, Romy – Tagebuch eines Lebens. Herausgegeben von Renate Seydel. Piper München Zürich. S. 39–40. Buchverlage Langen Müller Herbig.

Franz Schubert (1797–1828), *Eine schwere Träne für Michael Haydn*. Aus: Neue Ausgabe sämtlicher Werke. Herausgegeben von der internationalen Schubert-Gesellschaft. Serie VIII: Supplement. Band 5. Schubert: Die Dokumente seines Lebens. Bärenreiter Verlag, Kassel, Basel, Paris, London, New York 1964. S. 110–113.

Vittorio de Sica, (1902–1974), *Ladri di Biciclette*. (c) unbekannt

Jan Skocek (geb. 1954), *Das Wundermittel gegen Deutsche: Otto Baric. (c) beim Autor.*

Robert Sommer (geb. 1962), Theodor Herzl harsch halbiert. Schwere Sachbeschädigung. Aus: Augustin, Wien. Nr. 91, Februar 2002. Uhudla Verlag. Wien S. 24–5. (c) beim Autor.

Hilde Spiel (1911–1990), *Salzburgische Nacht*. Aus: Kein schöner Land … 50 österreichische Autoren über Stadt und Land Salzburg. herausgegeben von Christoph W. Aigner. Graphia Druck- und Verlagsanstalt, Salzburg 1981. S. 37–45. (c) Mit freundlicher Genehmigung des Nachlassverw. von Hilde Spiel. (»Salzburgische Nacht« stammt aus Hilde Spiels zweitem Buch »Verwirrung am Wolfgangsee« 1935, das 1961 unter dem Titel »Sommer am Wolfgangsee« als Taschenbuch herauskam. Anm. d. Hrsg.)

Douglas Stephan (geb. 1965) Doppler-Effekt. (c) beim Autor.

Irving Stone (1903–1989), *Ein historischer Augenblick.*
Aus: Irving Stone, Der Seele dunkle Pfade. Ein Roman um
Sigmund Freud. Deutsche Übersetzung aus dem Amerika-
nischen von Norbert Wölfl. Für die deutsche Ausgabe (c)
1978 Droemersche Verlagsanstalt Th. Knaur Nachf. GmbH
& Co KG, München.

Arturo Toscanini (1867–1957), *Ich hasse Kompromisse: ein
Abschied in 3 Telegrammen und einem Brief. Salzburg war
wunderbar.* Aus dem Englischen von Karoline Ruhdorfer.
(c) unbekannt.

Georg Trakl (1887–1914), *Am Abend. Am Mönchsberg. Am
Rand eines alten Brunnens.* Aus: Abendländisches Lied.
Gedichte ausgewählt und mit einem Nachwort von Jürg
Amann. (c) Piper, München, Zürich. S. 23, 28, 74.

Maria Augusta Trapp (1905–1987), *Dann kam der Tag
meiner speziellen Heimkehr.* Aus: Ders. The story of the Trapp
Family Singers. Image Books published by Doubleday Dell
publishing Group, Inc., New York.

Francis Milton Trollope (1780–1863), *Zum ersten Male
sahen wir die Sonne scheinen. Salzburger vormittag. Bei
Mozarts Witwe. Vom Hl. Maximus und seinen Gefährten.*
Aus: Ein Tag im alten Salzburg, Übersetzt von Johann
Sporschil. S. 253–255, 90–94, 322. (c) 1990 Droemersche
Verlagsanstalt Th. Knaur Nachf., München.

Volxtheater, *Caravan Diary 29er Juni 2001.* Originalbeitrag.
(c) bei den Autoren.

Martin Walser (geb. 1927), *Am meisten beneide ich hier die
Japaner.* Aus: Salzburger Jungbürgerbuch. Verlag Alfred
Winter, Salzburg 1975. S. 19–23.

Lord George Weidenfeld (geb. 1919), *Lebenserinnerungen
Karajan.* Aus: Von Menschen und Zeiten: Autobiographie
/ George Weidenfeld. Aus dem Englischen von Charlotte
Breuer. Europa Verlag GmbH, Wien, München 1995. S.
355–356.

Alois Weissenbach (1766–1821), *Der Untersberg-Platz.*

Jochem Wolff (geb. 1955) und Armin Diedrichsen (geb. 1945), *Welttheater und Nockerln. Die Salzburger Festspiele.* Aus: J. Wolff Und A. Dietrichsen. Zwischentöne. Musik-Geschichten aus dem 20. Jahrhundert. (c) Deutscher Taschenbuch Verlag, Bärenreiter. S.43–46.

Stefan Zweig (1881–1942), *Salzburg.* Aus: Ders. Auf Reisen. Herausgegeben und mit einer Bachbemerkung versehen von Knut Beck. (c) S. Fischer Verlag GmbH, Frankfurt am Main 1987. S. 347–356.